Cellulely
(or "Behind Bars")

An English-French Edition

PAUL VERLAINE

Translated By Richard Robinson

Sunny Lou Publishing Company
Portland, Oregon, USA
http://www.sunnyloupublishing.com

2nd edition, revised: January 17, 2024
Original publication date: December 24, 2020

ISBN: 978-1-955392-53-2

* * *

This translation is based on the manuscript, *Cellulairement*, written in French in Mons Prison, Belgium, 1873-1875.

Table of Contents

Foreword

Many twenty-first century readers and appreciators of Paul Verlaine and his poetry may be surprised and delighted – as was the translator – to first learn about the discovery in December 2004 of a "lost" manuscript,[1] *Cellulairement,* written by the author. After first blush and great interest, and before knowing the facts of its discovery and the history behind the manuscript itself, – for instance, it didn't just pop up out of nowhere: critics and scholars had known about its existence for quite some time, prior to its reappearance – one might also be tempted to suspect, incorrectly, that it might be a hoax. After all, it wouldn't be the first time such a hoax had been played on unsuspecting readers and critics in the history of literature or art. (The poems of Ossian come immediately to mind.)

To find an unpublished or "lost" manuscript written by a poet of such stature, one hundred thirty years after he wrote it, – tends toward the fantastic (think "fantasy"); it is almost too good to be true. It would be like discovering a lost painting of Van Gogh's or De Groux's at the second-hand store down the street and purchasing it for a song. How wonderful!

The case of *Cellulairement* is all the more striking and full of wonderment given the circumstances under which the poems in question were written (prison, religious conversion), and the notorious events leading up to those circumstances (Rimbaud, fog of absinthe, pistol). Famous events, and turning points, in the life of the poet. Both poets arguably.

And yet, the manuscript, as previously mentioned, was not so very lost over the years as one might originally think on first hearing about it, for an article in the *Revue d'Histoire littéraire de la France* from 1938[2] discusses it in quite some detail, raising important questions about the dates associated with the poems in the manuscript, and where it fits in – in whole and in part – in relation to other events and publications in Verlaine's life. The author of that article, one V.-P. Underwood, suggests that each very specific date

[1] Gilles Negrello, *De la verve poétique; le Verlaine seconde manière de Cellulairement,* pp. 31-46; https://doi.org/10.4000/recherchestravaux.706

[2] V.-P. Underwood, *Revue d'Histoire littéraire de la France,* 45e Année, No. 3 (1938), pp. 372-378; Presses Universitaires de France; https://www.jstor.org/stable/40520465?seq=1

associated by the poet with each poem corresponds not so much to the date when the poem was *written*, but rather the date of the *event* that the poem owes its existence to. Which, for English-speaking readers, especially those versed in early English Romantics, sounds plausible given what Wordsworth says in the "Preface to the Lyrical Ballads" -- "that poetry is the spontaneous overflow of powerful feelings: it takes its origin from emotion recollected in tranquillity." Anyone who has written serious, mature poetry before will find this reasonable.

Non-critics particularly, but critics alike potentially, could argue that the manuscript was not really lost at all, and that its importance as a "find" is seriously diminished when one learns or realises that *all but one* ("To the Reader") of the poems contained in *Cellulairement* had been included in later, more famous, published books of poetry by Verlaine, in particular *Sagesse*, *Parallèlement*, and *Jadis et Naguère*.

Also, a few of the poems in *Cellulairement* seem – in tone, feeling, and imagery – to belong to a period of time prior to the author's *flagrante delicto* and subsequent incarceration; specifically, the period of time dealt with in the poems of *Romance sans paroles*. Which lends credence to the idea that as a whole it was written after *Romance sans paroles* (1874) and before *Sagesse* (1880), serving as a kind of missing link in the poet's artistic development and pivot.

Be that all as it may, – arguments and critics aside – it is fascinating, as an appreciator of Verlaine's work, to read the poems contained in *Cellulairement – Cellulely* (or "Behind Bars") as it is called in English – in their order of arrangement, and in their entirety, *just as* the poet had planned them to be read in this book, each poem as part of a larger, semi-coherent work, knowing as a reader that they are closer to the events they speak of – and the very personal feelings they give utterance to – than the subsequent works they appear in.

Readers of *Cellulely* might also be interested to know that some of these poems are the same poems referred to on several occasions in Verlaine's autobiographical work *My Prisons,* also available in English translation by Sunny Lou Publishing.

That's it!

– Richard Robinson, Christmas Eve, 2020

Cellulely

To the Reader

This isn't about thunderstruck gods,
Nor even an unfortunate poetic,
As much as an inopportune one.
Good reader, don't run for the exit!

One knows too well the price of adversity
To waste it jibber-jabbering.
You'll learn neither my age, nor my traits,
Nor of my heart the real secret ache.

And as for these sickly verses
Written in prison, to be honest,
I won't cry martyr.
God spare you such expansiveness!

One gives you a book thusly made.
Take it for what it's worth:
The *aegri somnium* of a good man
Surprised to find himself here.

One puts into it, in "bonne foy,"[3]
Nearly all one's orthography,
Regretting to have at one's aid only
The prestige of being oneself.

You'll read this little book as such,
Same way you'd read any other.
That's our single, modest desire,
Hardly being, after all, a criminal.

One last word, for you deserve
Some definitive glimmer
Of what put me in prison:
I count myself among the clumsy.

---

[3]*bonne foy*: good faith (from medieval French).

I lost my life, and I know well that
All blame falls on my shoulders:
To this I can say only that
I was born truly Saturnian.

False Impression[4]

Lady mouse scampers,
Black in the grey of evening,
Lady mouse scampers
Grey in the black of night.

One sounds the bell,
Sleep, good prisoners!
One sounds the bell:
You must go to sleep.

No bad dreams,
Think only on your loved ones.
No bad dreams:
Forever beautiful ones!

Great moonlight!
Someone snores hard by.
Great moonlight
Effectively!

A cloud passes,
It grows dark like a furnace.
A cloud passes.
Look, it's daylight!

Lady mouse scampers,
Pink in the blue rays of dawn.
Lady mouse scampers:
On your feet, lazybones!

---

[4]"False Impression": also in *Parallèlement*.

Other[5]

The courtyard blooms with concern
        Like the faces
        Of all those here
        Who walk in a circle
While weakening their enervated
        Femurs
        Along the wall
        Mad with clarity.

Turn, Samsons without a Delilah,
        Without the Philistine,
        Turn well there
        Destiny's grindstone.
Ridiculous loser by the law,
        Grind one after the other
        Your heart, your faith
        And your love!

They go! And their poor shoes
        Make a popping sound,
        Humiliated,
        Pipe in mouth.
Not a word or it's solitary confinement,
        Not a sigh.
        It is so hot
        One feels one is going to die.

I'm a part of this aghast circus,
        Submissive besides
        And prepared
        For every misfortune.
And why if I've aggrieved
        Your stubborn wish,
        Society,
        Would you pamper me?

Let's go, brothers, good old thieves,
        Gentle vagabonds,
        Blossoming scoundrels,

[5]This poem is in *Parallèlement*, IIIrd poem of "Révérence Parler."

My dears, my good fellows,
Let's fume philosophically,
　　Let's go for a walk,
　　Peacefully:
　　Doing nothing is sweet.

Over the waters[6]

　　　　I don't know why
　　　　My bitter spirit
With a troubled and crazed wing flies over the sea,
　　　　All that is dear to me,
　　　　With a frightened wing
My love broods over it at the surface of the waves. Why, why?

　　　　Seagull with the melancholic flight,
　　　　Follows the wave, my thought,
　　　　Balanced on the breezes in the sky
　　　　And turning when the swell deviates,
　　　　Seagull with the melancholic flight.

　　　　Drunk with the sun
　　　　And freedom
An instinct guides it across this immensity.
　　　　The summer breeze
　　　　Over the vermillion wave
Gently carries it in a tepid half-sleep.

　　　　Sometimes it cries so sadly
　　　　That it alarms the distant pilot,
　　　　Then, drifting with the wind, relaxes and floats
　　　　And plunges, and with a bruised wing
　　　　Climbs again, and then cries so sadly!

　　　　I don't know why
　　　　My bitter spirit
With a troubled and crazed wing flies over the sea.
　　　　All that is dear to me,
　　　　With a frightened wing
My love broods over it at the surface of the waves. Why, why?

---
[6]This poem is in *Sagesse*, Part III, poem VII.

Lullaby[7]

A great dark sleep
Descends on my life:
Sleep, all hope,
Sleep, all desire!

I see nothing anymore,
I've lost all memory
Of ill and of good...
Oh what a sad story!

I'm a rocking chair
Moved by a hand
In the hollow of a cave:
Silence, silence!

The Song of Gaspard Hauser[8]

I have come, calm orphan,
Rich with my silent lonely eyes,
Close to people in large towns:
They didn't find me clever.

At twenty years old, a new trouble
Under the name of amorous flames
Made me find women beautiful:
They didn't find me handsome.

Although without country and king,
And not being terribly brave,
I wanted to die in battle:
Death wanted nothing to do with me.

Was I born too early or too late?
What shall I do in this world?
Oh all of you, my sorrow is deep.
Pray for poor Gaspard!

[7]This poem is in *Sagesse*, Part III, poem V.

[8]This poem is in *Sagesse*, Part III, poem IV.

A Repugnant[9]

For Jean Moréas

With the eyes of a skull,
    Which the moon still emaciates,
All my past, let's say all my remorse
    Sniggers through my small window.

With the voice of a broken old man,
    Such as one sees on the stage,
All my remorse, let's say all my past
    Hums a vigorous *tralala*.

With the fingers of a hanged man already green,
    The funny man teases a guitar
And dances as if the world were his oyster,
    With a rare elasticity.

"Old bother, I don't like that.
    Stop singing and stop those dances."
He responds to me with the voice he's got:
    "It's not as farcical as you think,

"And as for the frivolousness, oh sweet little jerk,
    Whether it please you or not,
I couldn't give a fig and, if you wished,
    You can go to the devil."

Almanac for the passed year[10]

The North Wind rushes through
The bushes all dark and green,
Freezing the snow scattered

---

[9]"A Repugnant": is also in *Jadis et Naguère.*

[10]The first poem, "The North Wind rushes..." is in *Sagesse (*as "La bise se rue...",
Part III, XI. "Hope shines like a wisp..." is in *Sagesse* (as "L'espoir luit...") Part III,
III. "The things that sing in the head" is in *Jadis and Naguère* (as "Vendages"). "Ah!"
is in *Jadis and Naguère* (as "Sonnet Boiteux").

In the sun-soaked countryside.
The scent is sharp near the woods,
The horizon sings with voices,
The village weathercocks
Gleam garishly against the clouds.
It's delicious to walk
Through this light fog
That a teasing wind at times hitches up.
Ah! fie on an old campfire that coughs!
My feet have pins and needles.
Up, my soul, quick, let's go!
It is still a harsh spring outside,
But with each passing instant it mellows
With a warm blast just enough
To better feel the cold spells
And think on God's clemency...
Go, my soul, with huge hope!

# # #

Hope shines like a wisp of straw in the stable.
What do you fear from the drunken wasp's mad flight?
Look, the sun always glimmers through some hole.
How is it you were not sleeping, elbows the table?

Poor pale soul, at least there is this water from a frozen well,
Drink it. Then sleep. Let's go, you'll see, I stay,
And I will coddle the dreams of your *siesta*,
And you will sing like a child in the cradle.

Noon sounds. For pity's sake, get away, madame.
He sleeps. It's surprising how the steps of a woman
Resound in the mind of poor unfortunates.

Noon sounds. I had the room sprinkled with water.
Go, sleep! Hope shines like a stone in a hollow.
Ah! when will they flower again, the roses of September!

# # #

Things that sing in the head
When memory is absent,

Listen, it's our blood that sings...
Oh distant and discreet music!

Listen! It's our blood that cries
Then, when our soul escapes,
With a voice unheard until then
And that falls silent just now.

Brother of the blood of the pink vine,
Bother of the wine of the black vein,
Oh wine, oh blood, it's an apotheosis!

Sing, cry! Chase away the memory
And chase away the soul; as far as the shadows,
Magnetize our poor vertebrae.

# # #

Ah! really it's sad, ah! really it ends too badly.
It's not allowed to get to this unfortunate point,
Ah! really it's too much like the death of the naïve animal
Watching its blood escape, with faded expression.

London fumes and cries. Oh what a Biblical city!
Gasses flame and float and signboards are vermillion,
And houses with their terrible shriveling up
Frighten like a senate of little old ladies.

All the terrible past jumps out, whimpers, caterwauls, yaps
In a dirty yellow and pink fog of the *Sohos*,
And the "indeeds" and the "all rights" and the *haôs*[11].

No, really it's too much of a hopeless martyrdom,
No, really, it ends badly; really, it's sad:
Oh the fire in the sky over this Biblical city!

---

[11]*haôs*: except for the circumflex, most likely this means "okays" in Mandarin Chinese (pinyin: hao).

Kaleidoscope[12]

For Germain Nouveau

On a street, at the heart of a perfect town,
It will be as when one has lived already:
Very vague and vivid at one and the same time...
Oh that sun amidst the fog that rises!

Oh that cry over the sea, that voice in the woods!
It will be as when one does not know the reasons:
A slow awakening after a number of metempsychoses:
Things will be more the same than before

On that street, at the heart of the magic town,
Where organs will grind out *gigues* in the evening,
Where cafés will have cats on the sideboards,
And when bands of music will pass through.

It will be so fatal that one will think one is dying:
Sweet tears streaming down one's cheeks,
Laughter sobbed amidst the din of carriages,
Invocations of the death that is coming,

Ancient phrases like a bouquet of faded flowers!
The shrill sounds of public balls will arrive,
And widows with bronze-colored faces,
Peasants, will drive a wedge between the trollops

Who stroll there, chatting with frightful boys
And old men without eyebrows powdered by dandruff,
But two paces away, amidst the stink of urine,
Some public festival will send up fireworks.

It will be as when one dreams and then wakens!
As when one falls asleep again and continues dreaming
Of the same fairytale with the same décor,
Summer, in the grass, to the buzzing sound of a bee's flight.

---

[12]Kaleidoscope: in *Jadis and Naguère*.

Reversibility[13]

Totus in maligno positus.

Listen to the pumps that make
       The sound of cats.
The whistles come and go
       As if in pursuit.
Ah, in the sad decors
The Already are the Still!

Oh the distant Angelus!
       (Whence do they come?)
See the *Ave* light up
       From the bottom of a grave.
Ah, in the dismal sojourns
The Never are the Forever!

What frightened dreams,
       You tall white walls!
What repeated sobs,
       Wild and doleful!
Ah, in the piteous retreats
The Always are the Never!

You die quietly,
       Obscurely,
Without people noticing, oh loving heart.
       Without testament!
Ah, in these mournings without redemption,
The Still are the Already!

---

[13]This poem is in *Parallèlement*, IVth poem of "Révérence Parler."

Images for a *sou*[14,15]

For Léon Dierx

With all the sweet sorrows,
I work my magic!
Paul, with reddened eyelids,
Errs alone among Grapefruits.
The Love-struck fool sings
A touching *arietta*.
It is the mother who's alarmed
For her betrothed daughter.
It is the abandoned spouse
Who swallows a strong charm
To exaggerate her hopes
And remains quivering.
It is the friendship one neglects
And that grows misunderstood.
It is all the ingenuous anguish,
It is all the joy that afflicts:
The child who wakens and cries,
The prisoner who sees the hour,
The sobs of turtledoves,
The wailing of girls.
It is the appeal of the Inésilles[16]
– Whom some greedy old
Uncles keep in turrets –
To all the guitar players.
Here's Damon who sighs
His affection for Geneviève
De Brabant who has the dream
Of exercising a chaste empire
In which she swoons
Over Pyramus' widow,
Expressly resuscitated,
And the forest of the Ardennes
Feels circulating in its veins

---

[14]*sou*: ancient monetary unit equal to 1/20th of a franc.

[15]Images for a sou: also in *Jadis et Naguère*.

[16]Inésilles: Inésille was the name of a character in *Souvenirs Dramatiques*, a novel by Alexandre Dumas.

The persecuted flame
Of those wandering princesses
Under the murmuring branches,
And Madame Malbrouck climbs
Her tower the better to hear
The viola and tender voice
Of that dear deceiver Count
Ory who returns from Spain
Without so much as a doubloon.
But he is covered in glory
In the gorges of the Pyrenees
And how many unfortunate women
With lily and ivory complexions
Did he not put at risk
There, among the Moors!...
Each story that's made wet
By delicious tears, albeit
Through the clash of arms,
Immediately gets mixed up by me,
Mixed up with yet others,
Evaporates finally
Into the capricious ether,
Passing through the filters,
Subtle talismans, and philters
At the bottom of my retorts
Made red in the fire of love.
Hasten to my magic!
It is quite fine. Come one
And come all. Enter, *bagasse*!
Cadet-Roussel[17] is a strawman
And will tell you your fortunes.
It is Credit who holds the till.
Let's go, quick quick, hup hup!

Old Coppées[18]

To charm away your boredom, oh times that destroy us,

---

[17]Cadet-Roussel: a popular French song.

[18]Coppées: After Francois Coppée, a poet. Apparently, never published.

I want, in a hundred lines of verse cut into chaste *dizains*[19],
Like same-sized circles of the same sausage,
To serve up for amateurs a plate in my fashion.
Every somewhat foolish desire, every somewhat silly idea,
And every stupid but honest recollection
Will go into the proud menu that is to be slurped up.
Hurry, Muse, give me your lightest C,
And we will sing our scale in fine, equal notes,
Along the lines of Mr. Coppée and crickets.

The Choiseul passages with odors of days bygone
Where are they? That winter of 1870
We had fun. I was Republican, Leconte
De Lisle too, that dear Lemerre was archon
By right, and each had his acts captured in verse.
Time flies! What Autans blew through
The mountain! The Master is decorated like a
Reliquary, and hasn't yet digested the commune.
All were affected, and me who sang in hot weather,
I dance on the humid straw in cells now.

Near Saint-Denis, the country is stupid and filthy,
It is there however that I led my companion one day.
We were in a bad mood and quarreling.
A flat summer sun extended its rays
On the withered plain like a slice of toast,
It wasn't too long after the Siege: a portion
Of the "country estates" were razed still,
Others stood up like props in staged scenery,
And new shells embedded in the pilasters
Had these words on them: "Souvenir of Disasters."

"Enough of the Gambettards![20] Remove that object,"
Said *Le Père Duchesne*[21], one day while enraged
Even more than them! "They're chaps by birth,
Craven bourgeois! It's more suited for yesterday's
Outhouses that I couldn't give a damn about now!
I don't give a f*** for him, who, while one confessed It under

---

[19]*dizain*: a stanza of ten lines of verse.

[20]*Gambettards*: followers or supporters of Léon Gambetta.

[21]*Le Père Dechesne:* the name of a journal.

Bullets, sought alibis at the country fair!
Ah! everyone! Badingue Quatre[22], Orléans with his pear liqueur
(For his thirst), the crutch at Chambord, Attila!
But, but, but! none of those La Réveillères[23] here."

Alas! I'm in the Index[24] and behold me
In dedications, Paul V... pure and simple. The audacious
Among friends, publishers are such saints,
Should scratch my name from their plans,
Extraordinary and saponin thunder
Of an excommunication that I venerate
To the point of exaggeration!
True, if I had not been (forcibly) withdrawn
From things, I'd love, against my will above all,
That modesty so rare among booksellers.

I was born romantic and I would have been fatal
In a very tight tailcoat with metal buttons,
With my pointed beard and my hair in a crewcut,
Hablant español, very loyal and very fierce,
With an eye fit for winking and full of defiances.
Undermined beauties and the discomfited bourgeois
Would have bunged my life and gorged on my male heart,
Pale and yellow, besides, and taciturn just like
A scrofulous infant in an Escurial...
And I would have been so fierce and so loyal!

The wing I'm in giving onto a train station,
I listen at night (the nights are white) to the brawl
Of warmed-up machines and adjusted engines,
And truly it is the noise of nests repercussed
Into skies of cast iron, glass, and bituminous coal.
You have no idea how that gurgles
And how one might describe the effort of birds
Near their imminent flight into violet skies
Again and which the daybreak barely illuminates.

---

[22]Badingue Quatre: Badingue refers to Napoleon III. Badingue Quatre would be Napoleon IV.

[23]La Reveilleres: Louis-Marie de La Révellière-Lépeaux, a French politician. He was one of the five Directors of the Directory (during the French Revolution).

[24]in the Index: i.e., to be blacklisted.

Oh those wagons that go hurtling on the plain!

Oh Belgium which won me this hard leisure
Thank you! I was able at least to reflect and seize
From the sweet white silence of cells
The reasons that were escaping like dragonflies
Through the talkative reeds of a vain world,
The reasons of my eternal and divine being,
And to tag them as at a fine museum
In the cases of fine crystal of my thought.
But, oh Belgium, enough of this stubborn emprisonment!
Open up finally, – it's good once in a while, you know!

For over one year, I've not seen the back page
Of a journal. Is the *Bibliothèque bleue*[25] sufficient?
I sometimes tell myself: "Would you have believed it?..."
Ah well, it won't kill you. At first, it's a bit harsh,
A bit too thin, and the habituated eye grows annoyed,
But the mind! how it laughs and triumphs, the coward!
Then again, it's a patriotic and sane pleasure
No longer to know anything of this murderous century
And no longer to follow in its last trance, –
That appalling agony of France.[26]

Let's dam the streams: the fields drink enough.
Good night, reader, and you female reader who thinks
More of Worth besides than the sounds of my jalopy
Accept the respectful salutation of a bard who is
Unworthy of your lowered eyes for one instant
On these one hundred verses that an equilistant[27] rhythm scans.
And you, typesetter, don't go making it worse
Than it already is, this vile pastiche of a lyre
Duly appreciated among men of taste, all of them,
In spite of the too unnerving typos, – And that's it! –

---

[25]*Bibliothèque bleue*: a popular form of literature in France from the 17th to 18th centuries.

[26]... France: echoes of similar Republican sentiment are to be found in Verlaine's pamphlet, *Voyage in France by a Frenchman,* from the same period.

[27]equilistant: a nonce word, probably composed of equidistant and "lisant" (reading) in French.

Ars Poetica[28]

Some music before anything,
And for that prefer the Uneven
Looser and more soluble in the air
With nought in it that drags or weighs down.

You must also nowise proceed
Choosing your words without some contempt:
Nothing dearer than the fluid song
Where the Imprecise and Precise blend.

It is gorgeous eyes behind veils,
It is broad daylight trembling at noon,
It is, in a tempered autumn sky,
A blue jumble of bright stars!

For we still want the Nuance,
Not the Color, nothing but the nuance!
Oh! the nuance alone binds
Dream to dream and flute to horn!

Steer clear of the murderous Gibe,
The cruel *Esprit,* and impure Laughter,
That will make the eyes of the Azure weep,
And all that garlic of low cuisine!

Take eloquence and wring its neck!
You'd do well, in energetic stride,
To make the Rhyme a little softer,
If you aren't careful, how far will it go?

Oh who will tell the wrongs of Rhyme!
What deaf child or what black fool
Forged us this gem for a *sou*
That sounds hollow and false under the file?

Some Music again forever!
May your verse be the thing that soars
May it seem to issue from a soul *en route*
Toward other skies and other lovers.

---

[28]"Ars Poetica": also in *Jadis and Naguère.*

May your verse be the brave adventure
Driven by the wind, made taut by the morning
Smelling of mint and thyme...
And all the rest is literature.

Via dolorosa[29]

From a filthy mattress,
Have you seen the star
That winter reveals?
As your heart beats,
As if that idea,
Regret or desire,
Ravages at will
Your obsessed mind,
Your poor burning mind,
Your poor godless heart!

The small weeds and nettles
At the base of a rampart
Whence the clear call
Of a shrill trumpet,
The wind from a hill,
The Meuse, the drop
One drinks in transit
At each signboard,
The saps one smells,
The pipes one smokes!

A cold dream:
"How beautiful the snow
Is and all its retinue,
In its narrow frame!
Oh! Your white arcana,
New Archangel,
Eternal mirage
Of my caravans!
Oh! your chaste sky,
New Archangel!"

---
[29]"Via Dolorosa": also in *Sagesse*.

That sombre town!
Everything is fear here...
The sky is numb with cold
Illuminating so much shadow.
The steps you take
In the heather
Raise the dust and make
It hard to breathe...
Traveler who art so sad,
Do you know the path?

It is the dead drunkenness,
It is the dark orgy,
It is the bitter effort
Of your energy
Towards the mournful oblivion
Of the inner voice,
It is the threshold of crime,
It is the bleeding flight.
– Oh! run away from the chimera:
Your mother, your mother!

What is that voice
That deceives and flatters?
"Oh, your flat head,
Viper of the woods!"
Pardon and mystery.
Let it sleep.
Who can, without shuddering,
Judge the earth?
"Ah, but... but...
That imprudent monster!"

The sea! Could it
Wash away your rancor,
The big-hearted sea,
Your ancestor,
Who sings while rocking
Your atrocious anguish,
The sea, gentle colossus
With an innocent breast,

The infinite growler
Of your irony!

You live unknowing!
You pour out your soul,
Your milk and your flame,
Into what despair?
Your blood which collects
In a golden flower
Is not ready yet
For the dedication.
Wait a while,
It is only a game.

This frenzy
Initiates you to the goal.
What's more, salvation
Comes from a Messiah
Whose blue effluvia
You don't feel anymore
For many leagues now
Under your crippled arms, –
Castaway of a dream
That has no shore!

Live and wait,
The hour is hard by.
Don't be prudent.
Down with every reproach.
Do what you want.
A hand guides you
Across the awful
Void of your own vows.
A little courage,
It is the good storm.

Here is Woe
In all its fullness.
But in his rude hand,
What a gorgeous flower!
"The burning thorn!"
A lily is less white.

"It pierces my side."
And what a divine odor!
"It pierces my heart."
Vanquishing perfume.

"And yet I have regrets,
And yet I am dying,
And yet these two hearts..."
Lift your head a little:
"Ah well, it is the Cross."
Lift your soul a little
Up off this vile world.
"Do I believe?"
What do you know? The Beast
Does not know its face,

Flesh and Blood
Do not recognize the Act.
"But I made a pact
That binds me
To the dark deed,
I've bound myself to my
Tenacious devil:
I don't want to believe.
I have no need
To dream so broadly!

"I too listen
To the sounds of before.
Viper of the woods,
Are you still on my path?
This time you bite."
Let go of that beast.
What relation to the poet?
What are dead hearts?
Ah! better is it to forget
Your folly.

Ah! rather, above all,
Gentleness, patience,
A soft voice and nuance,
And peace unto the end!

As good as you are wise,
And as simple as you are good,
Submit your reasons
To the poorest adage,
Naïve and discreet,
Happy in secret!

Ah! most of all, down
With your cruel pride,
Pray for the grace
To become a pure Abel,
Finish the odyssey
With the repentance
Of a humble martyr,
Of a humble thought.
Look up...
"Is that you, Jesus?"

Crimen Amoris[30]

For Villiers de l'Isle-Adam

In a palace of silk and gold in Ecbatana,
Handsome demons, adolescent satans,
To the sound of Mohammedan music
Sacrifice their five senses to the Seven Deadly Sins.

It is the festival of the Seven Deadly Sins: oh how beautiful!
All the Desires shone in brutal flames;
The Appetites, prompt pages that one harasses,
Promenaded with rosé wines in crystal glasses.

Dance tunes to epithalamion rhythms
Quite slowly swooned in long sobs
And beautiful choirs of men and women's voices
Unfolded, throbbing like waves.

And the kindness that ensues from these things
Was so powerful and charming

---

[30]Crimen Amoris: Latin for "crime of love". This poem is also part of *Jadis et Naguère*.

That roses bloomed in adjacent fields
And the night appeared full of diamonds.

Now, the most handsome among these bad angels
Was sixteen years old and crowned with flowers.
With arms crossed over necklaces and fringes,
He dreamt, eyes brimming with tears and flames.

In vain the festival about him grew more crazy
In vain the Satans, his brethren and sistren,
To wrest him from the care that saddened him,
Encouraged him by the appeal of caressing hands:

He resisted all tenderness and caresses,
And his ill-humor cast a dark cloud
Over his precious face, glittering with gold jewelry.
Oh immortal and terrible despair!

He told them: "Oh you, leave me be!"
Then, having tenderly kissed them all,
He escaped their grasp with an agile move,
Leaving them holding his silk-embroidered wraps.

Do you see him on the most celestial tower
High above the palace with a torch in hand?
He brandishes it like a hero does his *cestus*:
From below he appears like the day breaking.

What does he say in his deep and tender voice
Which blends with the bright and crackling fire
And which the moon is ecstatic to hear?
"Oh! I will be he who creates God!

"We have all suffered too much, men and angels,
From that conflict between Worst and Best.
Let us humble ourselves, miserable as we are,
And all our passions in vows the simplest.

"Oh all of you, all of us, all us sad sinners,
Oh joyful Saints, why this obstinate schism?
Why haven't we made, able artists that we are,
By our labors, one and the same virtue!

"Enough and too much of such battles!
The Seven Deadly Sins and Three Theological Virtues
Must needs join together finally!
Enough and too of much those hard and ugly combats!

"And in reply to Jesus, who thought he did well
Keeping the balance of that duel,
Hell, which in my view is the repair here,
Is sacrificed to Universal Love!"

The torch falls from his open hand,
And the incendiary flames crackled while rising,
An enormous squabble of red eagles drowned
In the black eddy of smoke and wind.

The gold melts and flows in waves, the marble cracks;
It is a simply splendorous and ardent brasier;
The silk in short quivers, like padding,
Flies in flocks all ardently and splendorously.

And the dying Satans sang hymns in the flames,
Having understood, as if they were resigned to it!
And the fine choirs of men and women's voices
Mounted amidst the hurricane of ignited clamors.

And he, with arms crossed in a proud manner,
Eyes to the sky where the flames licks and mount,
He softly recites a kind of prayer
Which dies in the jubilation of the hymn.

He softly recites a kind of prayer,
Eyes to the sky where the flames lick and mount...
When a frightening sound of thunder cracks,
And it's the end of jubilation and hymn.

The sacrifice had not been accepted:
Someone strong and just assuredly
Had known effortlessly how to disentangle the malice
From artifice in a pride that lies.

And of the palace and hundred towers, not a vestige,

Not a thing remained in the unprecedented disaster,
So that by the most frightening prodigy
It was nought but a vain and faded dream...

And it is night now, a blue night with thousands of stars;
An evangelical countryside spreads out
Severe and soft, and, like faraway sails,
The tree branches look like wings fluttering.

Cold streams flow over a bed of stone;
Two owls float vaguely in the air
Totally embalmed with mystery and prayer;
Sometimes a leaping tide issues a flash of light.

The soft form from afar climbs the hills,
Like a poorly defined love still,
And a fog that rises from the ravines
Seems united in effort towards some goal.

And all that, like a heart and like a soul,
And like a word, and with virginal love,
Adores and expands in ecstasy and implores
The clement God who keeps us from evil.

Grace[31]

For Armand Silvestre

A cell. A woman on her knees, in prayer,
A skull is lying on the floor
And speaks with a harsh and grievous tone also.
From a ceiling lamp a chilling ray of light falls.

"Lady Queen...", – "You again, Satan!", – "Madame Queen..."
– "Oh Lord, make my ear serene enough
To hear without listening to what the Evil One says!"
– "Ah! What a valiant and galant chatelain he was,
Your spouse! At war or at pleasure,
(Alas! I can speak about him for I am his head),
He always loved you, but less than he should have even.

---
[31]"Grace": this poem is also part of *Jadis et Naguère.*

What spoiled virtue and what wasted time
In vain tournaments, in courts of love, far from his lady
Who, young and beautiful, took a lover, the poor soul!"
– "Oh Lord, take this bitter cup from me!"
– "How they loved each other! They had sworn their oath
To wed as soon as the master was dead,
And killed him in his sleep with a traitorous blow."
– "Lord, as well you know, from the moment of the villainous act,
I was horror-stricken, and abandoning this young man,
Visited the king, revealing the horrifying attack,
And to better thwart the devil's malice,
I had it brought to me in my just prison –
The head of my husband slain in betrayal:
In this way remorse, beside this sad remnant,
Keeps my fatal act forever in mind,
And the fervor of my repentance grows,
Oh Jesus! But there is this: the Evil One who feels duped
And who would like to regain his conquest, –
Has he come to lodge in this poor skull
To possess me with his false and insidious words?
Oh Lord, extend your precious aid to me!"
– "This is not the demon, my Queen, it's me,
Your husband, who speaks to you at this last moment,
Your husband who, damned (for I was dying
In a state of mortal sin), presents himself before you,
Oh Queen who, poor wandering soul, possesses the head
That belonged to him while he was alive, as the horrifying
Interpreter of his terrified love."
– "Oh hideous blasphemy, detested lie!
Monsieur Jesus, my adorable master, exorcise
This horrible head and rid it of its diabolical
Obsession which turns it into an instrument
That Beelzebub fallaciously blows into
As into a flute, and plays a perfidious tune on it!"
– "Oh what sorrow, a lamentable error guides you,
Queen, I'm not Satan, I'm Henry!"
– "Oh, Lord, he assumes the voice of my husband!
To my rescue, Saints, to my aid, Our Lady!"
– "I am Henry, Queen, I am, at any rate, his soul
Who, by his will, stronger than Hell,
Having known how to pass through every iron gate
And flame, and to brave its impure cohort,

Alas! comes to tell you with this voice of the dead,
That there are other loves still than those here,
All immaterial and with no other concern
Than themselves, loves of souls and ideas.
Ah! be it Heaven or Hell that creates them! Interlaced,
The souls, they have only themselves as their goal!
Hell, for them, means that their love died,
And that their love in essence is immortal!
Alas! me, I cannot follow you to heaven, the cruel
And *only* punishment of my damnation. But you,
Damn you! We will be happy together. The law
Of souls, I tell you, it is a supreme indifference
To happiness as well as to suffering
As long their love is shared under the same skies.
Come, so that jealous Hell might see, envious of us,
Two damned souls who, like a doubling of delight, add
All the fires of love to all those of torture,
And smile at one another in one perpetual kiss!"
– "Soul of my spouse, you know that it's real
The repentance that makes me, at this moment, hope
In the ineffable misericord of the Father
And the Son and the Holy Ghost! For a month now
As I expiate, while waiting for the death I owe you,
In this still too soft cell, naked and on the floor,
The monstrous crime and the infamous adultery, –
Have I not, Oh my Henry, my life passing before my sobbing eyes,
Regretted for centuries that moment when
I was able to mistake you for the one I love?
Go, I have seen it again, proud and gentle, always the same,
Your expression which spoke so delightfully
And I listen to your noble voice, which is
My most difficult punishment, and I remember your caresses!
Now if you have absolved me and if you are interested
In my salvation, from the heights of heaven, oh dear anxiety,
Show yourself, speak, and denounce this thing here
That blasphemies and vomits dreadful heresies!"
– "I tell you that I'm damned! You go into raptures
Over vain terrors, oh my Queen. I tell you
That you must renounce the road to Paradise,
Vain sojourn of banal and solitary happiness, –
For the love of me! Lovers on earth possess,
You know, these chaste and long-lasting moments:

The soul stands guard, the somnolent senses fall silent,
The heart that reposes and the blood that subsides
Create a kind of gentle feebleness in the entire being.
No more feverish desires, no more enervating impulses,
It is just brothers and sisters and children,
One weeps with a deep and intimate joy,
It is heaven, it is earth, one ceases finally
To live and feel in order to be loved in the afterlife,
And it is eternity that I am offering you, – take it!
In the midst of torments we will be joyful,
And the Devil will be hard pressed to wound his double prey,
We will laugh, and we will pity that loveless Satan.
No, the Angels will not have in their gloomy sojourn
Anything like these unprecedented delights!" –

The Countess is on her feet, palms spread.
She lets out a great cry of superhuman love,
Then she bends and seizes with her pale hands
The head which, it's a miracle! bears a smiling expression.
A fleshly and living phantom seems to shine
On the hideous object that radiates at present
In a languishingly phosphorescent nimbus.
A clear halo, like rays of dawn or hair that
Trembles at the pate and seems to float in the wind again
Amidst the sound of horns in a forest.
The black sockets have lights in them, one would say
Great black expressions in flame. The fierce hole
With its appalling laugh, which was, Count Henry, your mouth,
Transfigures itself into something red with two trembling arcs
For lips that a twenty-year-old down aureoles,
And which puckers savorously, for a kiss...
And the Countess in the manner of lovers
Amply holds that terrible head, one hand
Behind it and the other in front, pale, on the verge
Of consummating a spectral kiss, but the tense soul,
Hiccoughing, dilating its missing pupil
Behind the vague expression that she holds before her...
She recoils suddenly, and with a dreamlike gesture
(Oh women, you have such ways!) –
She drops the head which proffers
A complaint, and, rolling, sounds empty, and at length she says:
– "My God, my God, some pity! My penitent sins

Raise their poor arms towards your benevolence,
Oh do not suffer them to cry in vain! Oh launch
Your lightning bolt of pardon to kill this vile body of mine!
You see that my soul is weak in this doleful exile –
Do not leave it to the Evil One who lies in wait!
Oh would that I might die!"
     With the sound of a body that one throws,
The Countess at this moment drops dead, and look:
Her soul in a white shroud, in the space made bright
By a soft, pale gold light that flows and vibrates,
Rises to the ceiling which at that moment opens up to the sky
And with a slow ascension goes towards heaven.
. . . .
The head is there, darting its somber eyes into the air
And hops about with strange attitudes:
Such are the heads of angels at the times of Assumption,
And the mouth vomits a long moaning,
And from the sockets flow leaden tears.

Don Juan Duped[32]

For François Coppée

Don Juan, who was a great Lord on earth,
Is in hell just like a poor dirty man,
With unkempt beard and plagued by fleas,
And if it weren't for the sparkle in his eyes
And the beauty of his slender figure,
Anyone seeing him like that would swear
He was a beggar and not that proud hero
So dear to poets and women,
Whose authentic deeds the author
Of this humble tale will recount for you.

He holds his face in his hands and appears
Deep in thought on some great secret.
He walks with sorrowful stride on the snow,
For it is his punishment that nothing might lighten
The load of his living alone and being scantily clad,
Far from anywhere where orange trees bloom

---

[32]"Don Juan Duped": this poem was part of *Jadis et Nagèure*.

And making his sad promenades
Under a sky devoid of serenades
Which a lifeless moon brightens just enough
To expiate all its spent suns.

He ponders. God can win, for the Devil
Finds himself reduced to the pitiable state
Of a tormenter and jailer presumed
To be too soon weary and too aged.
Of yesteryear's Rebel nothing remains
But an executioner one pays and harasses
So much so that in the end the reason for Hell
Disappears like a river flowing into the sea,
At the center of a primitive alliance.
This shame has no need for being.

But Don Juan, – he is not dead and feels within
Him a heart as lively as that of an adolescent
And in his mind a young thought
Broods and nourishes a collected strength;
If he's damned, it is because he willed it,
He had everything to be a good Christian,
Faith, passion for heaven, baptism,
And that desire for voluptuousness itself,
But having discovered himself better than God,
He resolved to take his place.

To that end, to lord it over souls,
He started with women by making their hearts
His own. Everyone left Jesus for him,
And his jealous pride mounted
Like a conqueror riding through a battlefield.
Death alone could be his equal –
He insulted it, he defied it. It is then
That he came to God, fearless and remorseless.
He came to God, spoke to him face to face
Without hesitating for one instant in his audacity.

Challenging him, Him, his Son and his saints!
The dreadful combat! Very calm and his loins girt
With cynical impiety and blasphemy,
Having volleyed his word at Jesus even,

He voyaged, fatal pilgrim,
Preaching from the pulpit and hymning from the lectern,
And the bitter torrent of his doctrine,
Parallel to the word of God,
Troubled simple folk's peace of mind and drowned
All belief, and, grown great, he fled.

He taught: "Just, be patient.
Your hour is near. And place your confidence
In your good heart. Be vigilant however,
And your salvation will be all the more certain.
Women, love your husbands and your family
But without abandoning the others...
Love is one in all and all in one,
So that when the dark evening falls
Nights' angel harbors under its wing only
Hearts half-closed in fraternal peace."

To the mendicant wandering in the forest
He gave a handout only if he cursed.
He added: "As for when one invokes
The name of God, this fellow is not shocked by it,
Quite the contrary, and all is for the best.
Here, take this and drink to my health, old buddy."
Then he said: "That fellow prevaricates
Who, making a beast of burden of his flesh,
Subordinates it to the care of his salvation
And sets too servile a goal to it.

The flesh is holy! One must venerate it.
It is our daughter, our children, and our mother,
And it is the flower in the garden here on earth!
Misfortune to those who do not adore it!
For, not content with denying their being,
They go on to disown their divine master,
Christ made flesh who died on the cross,
Christ made flesh who with his sweet voice
Opened the heart of the Good Samaritan,
Christ made flesh loved by Mary Magdalene!"

To this appalling blasphemy, behold
How dark the sky grew,

And how the sea jolted the islands,
Indeterminate forms wandered through the towns,
The hands of the dead reached out of caskets,
It was nought but terrors and afflictions,
And God intent on avenging the awful injury
Seized the lightning bolt with his furious right hand
And cursing Don Juan, He knocked
His mortal body down, but not his soul!

Not his soul, one would see! And pale
With evil joy and infernal audacity,
The great damned one, royal in his rags,
Walks around, his eyes beaming,
And cries: "I choose Hell! Oh you who were
Guided by me in your sublime fall,
Don Juan's disciples, recognize here
The voice that addressed you.
Satan is dead, God will die on the Feast Day,
To arms for the ultimate conquest!

"Prepare yourselves, old men and newborns,
Today is the day for the feat of the damned."
He said. The echo shudders and spreads
The haughty call, and Don Juan thinks he hears
A great shuddering everywhere.
His orders are followed without fail:
The noise grows with victorious clamors,
Shouting his name and recounting his glory,
"It's down to us two, stupid God, right now!"
And Don Juan took a thundering step.

The soil that trembles and the frozen snow
That seems to melt in the fire of his thought...
But behold, he too becomes ice
And in his heart horribly chilled
The blood stops, and his gesture freezes.
He is a statue, he is ice. Oh prodigy,
Avenger of the Commander, assassinated!
All the noise fades and Hell, checked,
Goes back forever to its dismal cells.
"Oh the ridiculous boasting,"

Said, from without, *Someone* who snickered,
"Anticipated tales! the farces one recognizes!
Spanish haughtiness and Italian impetuousness!
Don Juan, must I remind you, that your remember it,
That this old Devil, a dotard albeit,
Took you *in flagrante delicto*?
It is written that one should not tempt... anyone.
Hell is neither taken nor given,
But above all, friend, remember this:
One *is* the Devil, one does not *become* him."

The Final Impenitence[33]

For Catulle Mendès

The little Marchioness Osine is totally gorgeous,
She could go and join the ranks
Of Watteau crazies under their floral and bright
Hats, but as it is said, she loves elsewhere.
Parisienne in everything, spiritual and good
And bad in that she fears nothing from anybody,
With that half-feigned attitude that makes people believe,
She's an angel made for the world that she lives in,
A blond angel, and some say she has wings even.

Twenty suitors, tempered by the fire of the best zeals
Had in vain tried their hand at her sixteen years,
When the poor marquis, quitting his peasants
As he had quit his squadron, came to pay
A visit to the Jockey Club[34]; you know his affair
With fat Emma – who would've believed it? –
Whom the good guy was absolutely keen on,
His despair after the crane's[35] departure,
The duel with Gontran,... – all that's old news;
In short, he caught sight of the little woman one day
And was taken in at once like a fool; it was said
Even that he forgot so well his infidelity

---

[33]"The Final Impenitence": also in *Jadis and Naguère*.

[34]Jockey Club: a traditional gentlemen's club.

[35]crane: a silly or stupid woman.

That he was seen with his Adèle the following day.
Times and mores! The little woman (nothing escapes the *Oiseaux*)
Knew about the dear man's romance and even
The last chapters of it: she respected him.
Also, when the marquis offered his hand
For her little hand in marriage, she said: Yes,
With a frank expression of unprecedented joy.
Her parents, not horrified by this marriage
(The marquis was rich and could pass for intelligent),
Signed the contract with carelessness.
She who saw in him someone to console
Attended mass with a deep fervor.

She consoled him for two years. Two years on earth!

But everything passes!
                    So much so that one day as she was expecting
Another, and when this other was atrociously late,
Out of spite, behold her suddenly genuflecting
Before the image of a Virgin with the distaff
That found itself there, in that furnished room,
Imploring in a state of infinite distress Mary's
Pardon for her sin, so great, so costly too,
Though she believed in her heart that she abhorred her.

As she lifted her face from her hands,
She saw Jesus-Christ with human traits
And the raiment he wears in Church paintings.
Stern, he looked sadly at the marchioness.
The vision of him floated white in a blue light
Whose waves, veiling the appearance of the place,
Seemed to envelope with a select atmosphere
Osine who trembled with irresolute ecstasy
And who stammered exclamations.
The sleepy chords of Zion's celestial harps
Fell and rose in the room,
And odors of incense, cinnamon and amber
Wafted, and the parquet resounded with the mysterious
Paces of feet that were invisible,
While around her there was, in silky cadences,
A great stir of mysterious wings,
The marchioness remained kneeling, waiting,

With a totally fearful admiration, however.

And the Savior spoke:

> "My child, time passes,
> And it is not always the moment of grace.
> Seize the hour, or the hour will seize you."

The vision vanished.

Yes, of course, the first
Romance with a lover is sweet. The soul soars,
It is a like young runner to the first hurdle,
It is so exquisite that one can hardly believe it is wrong.
Something so surprisingly matutinal.
One leaves behind the usual marriage. It as if,
One might say, the auroral glimmers of man
And kisses in that cool brightness
Sound like the lark's estival cries,
Oh the first lover! Remember, ladies!
The wailing and timid yearning of the soul
Towards the forbidden fruit that a sigh revealed...
But a woman's second lover, behold!
One knows the story. The fault is quite deliberate
And it is quite a new situation that one creates,
Another marriage vow is taken.
It is no longer possible to return to the mocked hearth,
The husband, debonaire or not, makes good shift
And poorly dissimulates. The hostile world
Laughs and gossips already, and would rage if needed.
Ah! How distant the ease of the previous intrigue!
But also this time, how one lives, how one loves!
The heart is entirely open like a last flower.
Ah! it feels good! And she throws all remorse on this fire,
She lives for *him* alone, all other cares are dead.
She is his, nobody's but his, for life,
For the afterlife, and she defies
Human and divine laws, for she is
Beside herself in body and mind and does not recognize
Anything else, and knows nothing but love anymore!

Now this lover was precisely her second,

The marchioness's, such that one day later,
– Oh without malice and without regrets almost –
She saw him again in order to see him once more.
As for the miraculous vision, like an odor that dissipates,
Soon she forgot about it, except vaguely.

One morning, she was in her charming garden,
One spring morning, a pleasure garden.
The flowers truly seemed to acknowledge her presence,
And the foliage, shivering in the gentle breeze,
And bending down, tender and green, offered her
The dawn serenade of a timid and delicate branch,
And the little birds, flitting in her path,
Peeped with pleasure in the air perfumed
With May saps, buds, and leaves.
She thought on *him*; her gaze wandered, distracted,
Through the young shadows and the discreet pomp
Of a large rose bush stirred by an affectionate movement,
When all of a sudden she saw Jesus in linen;
He was walking, pushing the branches of the bush aside,
And fixed on her a long, sad look. And the Son of Man
Weeped. And then he disappeared.
And she collected herself...
                          Then she heard
A small noise. Someone brought her a letter in secret,
A letter from *him*, which assigned her perhaps
A rendezvous.
                     She could not tear it up.

. . . .

Marquis, poor marquis, what have you to weep about
At the head of that bed of white muslin?
She is ill, quite ill.
                          "Sister Aline,
Has she slept at all?"
                          "Poorly, monsieur le marquis."
And the marquis wept.
                          "She's been like this for
Two hours, somnolent and calm." – "But what about
At night?" – "Ah! monsieur le marquis, what delirium!
She was calling out for you, begging your pardon

Ceaselessly, ever and always, and she pulled the cord
Of the bell."
                          And the marquis struck his head
With his two fists and, mad with silent grief,
Walking with large muted strides over the thick rug,
(Since she fell ill, she hasn't found the peace
Of confessing her faults to the poor man
Who pardoned her.) The sister resumed, pale: "She had
Something of a dream, a frightening dream. She saw Jesus,
Terrible in the sky and he walked on high,
A sword in his right hand and in his left
He wielded something, slowly like a scythe that reaped,
Dismissing her prayer, and passed furious."

. . . .

A priest, greeting the assistants with his eyes,
Entered.
                    She slept.
                                        Oh, her violet eyelids!
Oh, her small thin hands that tremble!
Oh, her entire body lost in the suffocating sheets!
Look, she dies the death of children.

And the anxious priest bends down to her ear.
She stirs a little, behold she awakens,
She would like to speak, but behold she falls asleep
Again, paler.
                    And the marquis: "Is that it?"
And the doctor takes both his hands, and quickly leaves.

They buried her yesterday morning. The poor little woman!

The Devil's Mistress[36]

For Stéphane Mallarmé

He speaks Italian with a Russian accent.
He says: "Dear, it would be precious if I were
Rich, and alone, all day tomorrow and the day after.

---

[36]"The Devil's Mistress": also in *Jadis and Naguère*.

Rich enough to pave the road to Hell with
Gold coins, and so alone that you must take it
Upon yourself to forget me to the point of no longer hearing
Me spoken about without your saying in good faith:
'Who is this Monsieur Félice? What does he sell?'"

This was addressed to the palest of countesses.

Alas! complete grandeur, total politeness,
A heart of gold, as people say, a soul of diamond,
Rich and beautiful, a magnificent and charming husband
Who gave her everything she ever dreamt of,
An adored, adorable, Happy Woman, the Fairy,
The Queen, also the Saint, she was all that,
She was all that.
                    That man came, stole
Her heart, her soul, made her his mistress and his thing
And her whom you see there in that sweet pink peignoir
With her golden hair spread out like flames,
Seated, with her large, somewhat sad, blue eyes.

It was a banal and terrible affair, –
She quit the residence at night. A carriage
Was waiting. Him inside. It lasted six months
With no one knowing where nor how. Sometimes
They were said to have left for good. The scandal
Was awful. The appearance of it was too brutal,
And also because the world, thus defied,
Had not shuddered with enormous ire
And pursued the mad woman with the most agile tongues.
She, what did she do? She thought of one thing,
Him, nothing but *him*, long before she escaped.
Having realized her possessions (seven or eight
Million in thousand-franc bills, which in wads
Do not weigh so much and take up little space),
She had thrown everything into a cute little case
And the day of departure, when her companion
Whose voice was tenderer for drinking too much rum,
Questioned her about that parcel he saw hanging
From her arm, which was growing tired, she responded: "That
Is our purse."
                    Oh, all that was spent!

He had nothing but his problematic beauty
(So much the worse) and that spirit that was proud
And that we'll speak about, as with his beauty,
When the time comes... But what a spendthrift! Borrowed,
Gambled, stolen! For he stole in his own way,
Excessive, going out respectable in the last
Analysis, and respected moreover, and it was
Prodigious the enormous life he lived
When at the end of six months they returned.

                                                   The case
With its millions (more than four) is there, and it is put
Into his hands. And however this time – once
Is not a habit – his voice crowed,
And he dropped his ordinary custom of taking
Without asking, as far as we understand it.
She is surprised and says: "Take all
That you want."
                        He takes it all and leaves.

                                            A tastelessness
That was only equaled by his offhandedness
Seemed to knead the very core of his nature,
And in the least of his words, the least blink of his eye,
It made something of an odious charm shine and vibrate.
His black hair was too curled for a man
His very large, very green eyes gleamed as in Sodom.
In his clear and measured voice, a serpent advanced,
And his bearing was like those one knows:
Of varnish and velours, too much linen and rings.
His prior history, it was clouded in mist or,
To speak more clearly, didn't exist. He appeared one fine evening,
Last winter, in Paris, whence no one could say,
That little man, excellent for all that,
By his type and by his offhanded presumptuousness.
He was all the rage, had famous duels, and caused
Women to die for love, which was the subject of conversations.
How did he end up with the dear countess,
By what philter had this inadequate gnome, who left
A smell of horses and women behind him,
Been able to attract her, this modern girl?
Ah! that, it is the perpetual secret that lures

Women into the oldest profession on earth,
Unless there be not something also of the Devil in it,
As is always the case when the stunt has succeeded –
It was an absolute disgrace!
                                    Often absent three days out of four,
He returned drunk, low and vile enough to beat her,
And when he wanted to remain close to her a while,
He martyred her, as a kind of game,
By a verbal display of impossible doctrines.

. . . .

"*Mia*, I'm not one of the irascibles,
I am gentle *par excellence*, but listen,
It exasperates me, and I'm telling you this to your face,
When I see your white eyes and pursed lips,
Accompanied by I don't know what narrowness of thought,
Because I return home a little drunk sometimes.
Really, do you think I drink
To drink, to taste, like you other dearies,
With your sweetened wines in your stemmed glasses
And that the Drunkard is a kind of Gourmand?
Then the instinct that tells you that pleasantly lies
And to lend your ear to it for one instant, what a shame!
Tell me, is it a good God of wood the image
You see and to which your vows will rise?
The Eucharist is it an embossed wafer of bread
Pure and simple, and the lover of a woman, if I may dare
Speak like this, consists precisely in this that
He is a man who is not her husband
And happens to have a totally special way of doing things?
Ah! if I drink, it's to get myself drunk, not to drink.
To be drunk, you don't know what a victory
That is over life, and what a gift it is!
One forgets, sees things again, is unmindful of others, and knows;
It is a mystery full of apperceptions, it is a dream
That was never born and has no end,
And does not move in the essence of the here and now;
It is a type of other life in short,
A present hope, a regret that "turns up,"
What else can I say? And as for public rumor,
The prejudiced person who faults a man in this case,

It's hideous, because stupid, and I don't pity
This man or that woman whom he beats during his ecstasy,
Oh, quite the contrary!

. . . .

       Let's see, 'love,' it's a phrase
In a word, – admit it, a listen-up-if-you-will,
A play on words that everyone takes as he wishes,
A bit of fine pleasure, much gross joy
According more or less to the methods one employs,
Or, to be more clear, according to his temperament,
But, between you and me, the time one wastes! And how!
Honestly, it's a shame what serious people
Like the two of us, with these precious virtues
We have, our heart, our mind, – and money,
In a century that one might call intelligent,
Should have to do!..."

. . . .

       And so forth, and his flat irony
He spared nothing whatsoever in his infinite joke.
She listened to all he said with the lowered eyes
Of loving hearts for whom all wrongs are forgiven,
Alas!
       The next day, and the day after, pass.
He returns and says: "*Altro!* what do you want
Four poor little millions to do against a destiny?
Ruined, ruined, I tell you! It is death
In the soul is what I'm saying to you."
                    She shivers
A little, but *knows* the time has come.
                  "There, no one,
Not even you, *diletta*, takes me for such a fool
As to stay here for as long as it takes for a flea
To hop."
       She grew extremely pale and shuddered almost,
And said: "Go, I know everything." – "So, it is too grotesque
And you play, without a winning hand, with fire."
– "Who says no?" – "But I AM SPECIAL at this game."
– "And if I wanted," she exclaims, "to be damned?"

– "That's different, arrange for your future then,
Me, I'm leaving." – "With me!" – "I can't *today*."
He disappeared without any other trace
Than an odor of sulphur and a bitter laugh.
She pulled out a small knife.

                         In the time it took to gleam,
The blade entered her heart and cut two lines;
In the time it took to speak, while pressing on the vanquishing steel:
"This one's for you, I love you!" and JUSTICE took note.

She did not know that Hell – is absence.

Final[37]

I

My God said to me: My son, you must love me. You see
My pierced side, my heart that beams and bleeds,
And my offended feet that the Magdalene bathes
In her tears, and my sorrowful arms under the weight

Of your sins, and my hands! And you see the cross,
You see the nails, the bile, the sponge, and it all instructs you
Not to love, in this bitter world where the flesh reigns,
But my Flesh and my Blood, my word and my voice.

Have I myself not loved you to death,
Oh my brother in the Father, oh my son in the Spirit,
And have I not suffered, as it was written?

Have I not sobbed for your supreme anguish
And have I not sweated the sweat of your nights,
Lamentable friend who searches for me where I am?

II

I responded: Lord, you have spoken my soul,
It is true that I seek you and do not find you.
But to love you! See how low I am,

---

[37]"Final": also in *Sagesse*.

You whose love always climbs like the flame,

You, source of peace that every thirst demands,
Alas! Look for a while on all my sad battles!
Would I dare to adore the trace of your steps,
On these knees bloodied by a loathsome crawling?

And even if I search for you by long trial and error,
I would that your shadow could at least cover my shame,
But you have no shadow, oh you whose love climbs,

Oh you, calm fountain, bitter only to those lovers
Of their damnation, oh you, all light,
Save at your eyes whose lids a heavy kiss holds tight!

III

– You must love! I am the universal Kiss,
I am that eyelid and I am that lip
That you speak of, oh dear patient[38], and that fever
That agitates you, it is always me! You must try

To love me! Yes, my love climbs without offering a kiss
Until your poor love like a goat stops climbing,
And it carries you, like an eagle snatches a hare,
Towards the wild thyme that a dear sky moistens!

Oh my clear night! Oh your eyes in my moonlight!
Oh this bed of light and water amidst the twilight!
All this innocence and all this repository!

Love me! These two words are my supreme words,
For being your all-powerful God, I can *will it*,
But first I want it to be *possible* that you love me.

IV

– Lord, it is too much! Really I do not dare. Love whom? You?
Oh! no! I tremble and do not dare. Oh! to love you I do not dare,

---

[38]patient: in the sense of a person in the hospital.

I do not want to! I am unworthy. You, the Immense
Rose of pure breezes of Love, oh You, all

The hearts of the saints, oh You who was the Jealous
One of Israel, You, the chaste bee that rests
On a single flower of an innocence half-closed,
How could *I, I*, be able to love *You*. Are you crazy(*),

Father, Son, Spirit? I, this sinner here, this coward,
This proud man, who commits evil like his allotted task
And has not in all his senses, smell, touch, taste,

Sight, hearing, and in all his being – alas! in all
His hope and in all his remorse, nothing but the ecstasy
Of a caress where the one old Adam is enflamed?

(*) Saint Augustine.

V

– You must love me. I am those Crazy ones you mentioned.
I am the new Adam who eats the old man,
Your Rome, your Paris, your Sparta and your Sodom,
Like a poor has-been among horrible dishes.

My love is the fire that devours forever
Every demented flesh, and evaporates it like
A perfume, – and it is the deluge that consumes
In its wave all the bad seed I sowed,

So that one day the Cross where I die should be erected,
And so that by a frightening miracle of kindness
I'd have you one day for myself, shuddering and subdued.

Love. Exit your night. Love. It is my thought
For all eternity, poor abandoned soul,
That you should love me, me alone who has remained!

VI

– Lord, I'm afraid. My soul in me shivers all over.
I see, I feel that I must love you. But how would I,
Me, this, make myself, oh You, God, your lover,
Oh Justice that the virtue of good men fears?

Yes, how? For behold how the vault shakes
Where my heart was digging its grave
And how I feel the firmament flowing towards me,
And I say to you: what is the way from you to me?

Hold out your hand to me, that I might lift up
This squatting flesh and this sick spirit.
But to ever receive the celestial accolades,

Is it possible? One day, to be able to find again
In your bosom, on your heart that was ours,
The place where the apostle's head rested.

VII

– Sure, if you want to deserve it, my son, yes,
And behold. Let go of the undecided ignorance
Of your heart towards the open arms of my Church
Like the wasp flies towards the lily in full flower.

Approach my ear. Pour forth
Your humiliation with courage and franchise.
Tell me all without a word of pride or retraction
And offer me the bouquet of a hand-picked repentance.

Then, frankly and simply come to my Table
And I will bless you with a delectable meal
That only the angel itself will attend,

And you will drink the Wine of the unchanging vine
Whose strength, whose sweetness, whose goodness
Will sow your blood with immortality.

*
* *

Then, go! Keep a modest faith in this mystery
Of love by which I am your flesh and your reason,
And above all return very often to my house,
To participate in the Wine that quenches,

In the Bread without which life is a betrayal,
To pray to my Father and supplicate my Mother
That it be granted to you, in exile on earth,
To be the lamb without bleating who gives his fleece,

To be the infant dressed in linen and innocence,
To forget your poor self-love and your essence,
Finally, to become a little like me

Who was, during the days of Herod and Pilate
And Judas and Peter, like you
In order to suffer and die a wicked death!

*

* *

And to repay you for your zeal in these duties,
So sweet that they are ineffable delights still,
I will give you a taste on earth of my first fruits,
Peace of heart, love of poverty, and my mystical

Evenings, when the spirit opens up to calm hopes
And believes it is drinking, as promised, from the Eternal
Chalice, when the moon glides in the pious sky,
And when the Angeluses sound, pink and black,

While waiting in my light for the assumption,
The endless awakening to my customary charity,
The music of my praises forever,

And the perpetual ecstasy and knowledge,
And being one with me in the friendly irradiance
Of your sufferings, finally my own, you whom I loved!

*
* *

– Ah! Lord, what's wrong with me? Alas! Look at me all in tears
With an extraordinary joy: your voice
Does me both good and ill at the same time,
And the ill and the good have the same charms.

I laugh, I cry, and it is like a call to arms
By a clarion for the battlefields where I see
Angels, blue and white, carried on shields,
And this clarion raises me up in proud alarms.

I'm ecstatic and I'm terrified at being chosen.
I am unworthy, but I know your clemency.
Ah! what effort, but what ardor! And look at me

Filled with a humble prayer, while an immense trouble
Still clouds the hope that your voice reveals to me,
And I aspire, while trembling...

IX

– Poor soul, that's it!

Cellulairement (French Original)

Au lecteur

Ce n'est pas de ces dieux foudroyés,
Ce n'est pas encore une infortune
Poétique autant qu'inopportune
Ô lecteur de bon sens, ne fuyez!

On sait trop tout le prix du malheur
Pour le perdre en disert gaspillage.
Vous n'aurez ni mes traits ni mon âge,
Ni le vrai mal secret de mon cœur.

Et de ce que ces vers maladifs
Furent faits en prison, pour tout dire,
On ne va pas crier au martyre.
Que Dieu vous garde des expansifs!

On vous donne un livre fait ainsi.
Prenez-le pour ce qu'il vaut en somme.
C'est l'ægri somnium d'un brave homme
Étonné de se trouver ici.

On y met, avec la «bonne foy»,
L'orthographe à peu près qu'on possède
Regrettant de n'avoir à son aide
Que ce prestige d'être bien soi.

Vous lirez ce libelle tel quel,
Tout ainsi que vous feriez d'un autre.
Ce vœu bien modeste est le seul nôtre,
N'étant guère après tout criminel.

Un mot encore, car je vous dois
Quelque lueur en définitive
Concernant la chose qui m'arrive:
Je compte parmi les maladroits.

J'ai perdu ma vie et je sais bien
Que tout blâme sur moi s'en va fondre:
À cela je ne puis que répondre
Que je suis vraiment né Saturnien.

Impression fausse

Dame souris trotte,
Noire dans le gris du soir,
Dame souris trotte
Grise dans le noir.

On sonne la cloche,
Dormez, les bons prisonniers!
On sonne la cloche:
Faut que vous dormiez.

Pas de mauvais rêve,
Ne pensez qu'à vos amours.
Pas de mauvais rêve:
Les belles toujours!

Le grand clair de lune!
On ronfle ferme à côté.
Le grand clair de lune
En réalité!

Un nuage passe,
Il fait noir comme en un four.
Un nuage passe.
Tiens, le petit jour!

Dame souris trotte,
Rose dans les rayons bleus.
Dame souris trotte:
Debout, paresseux!

Autre

La cour se fleurit de souci
   Comme le front
   De tous ceux-ci
   Qui vont en rond
En flageolant sur leur fémur
   Débilité
   Le long du mur
   Fou de clarté.

Tournez, Samsons sans Dalila,
   Sans Philistin,
   Tournez bien la
   Meule au destin.
Vaincu risible de la loi,
   Mouds tour à tour
   Ton cœur, ta foi
   Et ton amour!

Ils vont! et leurs pauvres souliers
   Font un bruit sec,
   Humiliés,
   La pipe au bec.
Pas un mot ou bien le cachot,
   Pas un soupir.
   Il fait si chaud
   Qu'on croit mourir.

J'en suis de ce cirque effaré,
   Soumis d'ailleurs
   Et préparé
   À tous malheurs.
Et pourquoi si j'ai contristé
   Ton vœu têtu,
   Société,
   Me choierais-tu?

Allons, frères, bons vieux voleurs,
   Doux vagabonds,
   Filous en fleurs,
   Mes chers, mes bons,

Fumons philosophiquement,
    Promenons-nous
    Paisiblement:
    Rien faire est doux.

Sur les eaux

    Je ne sais pourquoi
    Mon esprit amer
D'une aile inquiète et folle vole sur la mer,
    Tout ce qui m'est cher,
    D'une aile d'effroi
Mon amour le couve au ras des flots. Pourquoi, pourquoi?

    Mouette à l'essor mélancolique.
    Elle suit la vague, ma pensée,
    À tous les vents du ciel balancée
    Et biaisant quand la marée oblique,
    Mouette à l'essor mélancolique.

    Ivre de soleil
    Et de liberté,
Un instinct la guide à travers cette immensité.
    La brise d'été
    Sur le flot vermeil
Doucement la porte en un tiède demi-sommeil.

    Parfois si tristement elle crie
    Qu'elle alarme au lointain le pilote,
    Puis au gré du vent se livre et flotte
    Et plonge, et l'aile toute meurtrie
    Revole, et puis si tristement crie!

    Je ne sais pourquoi
    Mon esprit amer
D'une aile inquiète et folle vole sur la mer.
    Tout ce qui m'est cher,
    D'une aile d'effroi
Mon amour le couve au ras des flots. Pourquoi, pourquoi?

Berceuse

Un grand sommeil noir
Tombe sur ma vie:
Dormez, tout espoir,
Dormez, toute envie!

Je ne vois plus rien,
Je perds la mémoire
Du mal et du bien...
Ô la triste histoire!

Je suis un berceau
Qu'une main balance
Au creux d'un caveau:
Silence, silence!

La Chanson de Gaspard Hauser

Je suis venu, calme orphelin,
Riche de mes seuls yeux tranquilles,
Vers les hommes des grandes villes:
Ils ne m'ont pas trouvé malin.

À vingt ans un trouble nouveau
Sous le nom d'amoureuses flammes
M'a fait trouver belles les femmes:
Elles ne m'ont pas trouvé beau.

Bien que sans patrie et sans roi
Et très brave ne l'étant guère,
J'ai voulu mourir à la guerre:
La mort n'a pas voulu de moi.

Suis-je né trop tôt ou trop tard?
Qu'est-ce que je fais en ce monde?
Ô vous tous, ma peine est profonde:
Priez pour le pauvre Gaspard!

Un Pouacre

À Jean Moréas.

Avec les yeux d'une tête de mort
   Que la lune encore décharne,
Tout mon passé, disons tout mon remord
   Ricane à travers ma lucarne.

Avec la voix d'un vieillard très cassé,
   Comme l'on n'en voit qu'au théâtre,
Tout mon remords, disons tout mon passé
   Fredonne un tralala folâtre.

Avec les doigts d'un pendu déjà vert
   Le drôle agace une guitare
Et danse sur l'avenir grand ouvert,
   D'un air d'élasticité rare.

«Vieux turlupin, je n'aime pas cela.
   Tais ces chants et cesse ces danses.»
Il me répond avec la voix qu'il a:
   «C'est moins farce que tu ne penses,

«Et quant au soin frivole, ô doux morveux,
   De te plaire ou de te déplaire,
Je m'en soucie au point que, si tu veux,
   Tu peux t'aller faire lanlaire.»

Almanach pour l'année passée:

La bise se rue à travers
Les buissons tout noirs et tout verts,
Glaçant la neige éparpillée
Dans la campagne ensoleillée.
L'odeur est aigre près des bois,
L'horizon chante avec des voix,
Les coqs des clochers des villages
Luisent crûment sur les nuages.
C'est délicieux de marcher

À travers ce brouillard léger
Qu'un vent taquin parfois retrousse.
Ah! fi de mon vieux feu qui tousse!
J'ai des fourmis plein les talons.
Debout, mon âme, vite, allons!
C'est le printemps sévère encore,
Mais qui par instant s'édulcore
D'un souffle tiède juste assez
Pour mieux sentir les froids passés
Et penser au Dieu de clémence...
Va, mon âme, à l'espoir immense!

L'espoir luit comme un brin de paille dans l'étable.
Que crains-tu de la guêpe ivre de son vol fou?
Vois, le soleil toujours poudroie à quelque trou.
Que ne t'endormais-tu, le coude sur la table?

Pauvre âme pâle, au moins cette eau du puits glacé,
Bois-la. Puis dors après. Allons, tu vois, je reste,
Et je dorloterai les rêves de ta sieste,
Et tu chantonneras comme un enfant bercé.

Midi sonne. De grâce, éloignez-vous, madame.
Il dort. C'est étonnant comme les pas de femme
Résonnent au cerveau des pauvres malheureux.

Midi sonne. J'ai fait arroser dans la chambre.
Va, dors! L'espoir luit comme un caillou dans un creux.
Ah! quand refleuriront les roses de septembre!

Les choses qui chantent dans la tête
Alors que la mémoire est absente,
Écoutez, c'est notre sang qui chante...
Ô musique lointaine et discrète!

Écoutez! c'est notre sang qui pleure
Alors que notre âme s'est enfuie,
D'une voix jusqu'alors inouïe
Et qui va se taire tout à l'heure.

Frère du sang de la vigne rose,
Frère du vin de la veine noire,
Ô vin, ô sang, c'est l'apothéose!

Chantez, pleurez! Chassez la mémoire
Et chassez l'âme, et jusqu'aux ténèbres
Magnétisez nos pauvres vertèbres.

Ah! vraiment c'est triste, ah! vraiment ça finit trop mal.
Il n'est pas permis d'être à ce point infortuné.
Ah! vraiment c'est trop la mort du naïf animal
Qui voit tout son sang couler sous son regard fané.

Londres fume et crie. Ô quelle ville de la Bible!
Le gaz flambe et nage et les enseignes sont vermeilles.
Et les maisons dans leur ratatinement terrible
Épouvantent comme un sénat de petites vieilles.

Tout l'affreux passé saute, piaule, miaule et glapit
Dans le brouillard rose et jaune et sale des sohos
Avec des indeeds et des all rights et des haôs.

Non vraiment c'est trop un martyre sans espérance,
Non vraiment cela finit trop mal, vraiment c'est triste:
Ô le feu du ciel sur cette ville de la Bible!

Kaléidoscope

À Germain Nouveau.

Dans une rue, au cœur d'une ville de rêve,
Ce sera comme quand on a déjà vécu:
Un instant à la fois très vague et très aigu...
Ô ce soleil parmi la brume qui se lève!

Ô ce cri sur la mer, cette voix dans les bois!
Ce sera comme quand on ignore des causes:
Un lent réveil après bien des métempsycoses:
Les choses seront plus les mêmes qu'autrefois

Dans cette rue, au cœur de la ville magique
Où des orgues moudront des gigues dans les soirs,
Où les cafés auront des chats sur les dressoirs,
Et que traverseront des bandes de musique.

Ce sera si fatal qu'on en croira mourir:
Des larmes ruisselant douces le long des joues,
Des rires sanglotés dans le fracas des roues,
Des invocations à la mort de venir,

Des mots anciens comme un bouquet de fleurs fanées!
Les bruits aigres des bals publics arriveront,
Et des veuves avec du cuivre après leur front,
Paysannes, fendront la foule des traînées

Qui flânent là, causant avec d'affreux moutards
Et des vieux sans sourcils que la dartre enfarine,
Cependant qu'à deux pas, dans des senteurs d'urine,
Quelque fête publique enverra des pétards.

Ce sera comme quand on rêve et qu'on s'éveille!
Et que l'on se rendort et que l'on rêve encor
De la même féerie et du même décor,
L'été, dans l'herbe, au bruit moiré d'un vol d'abeille.

Réversibilité

Totus in maligno positus.

Entends les pompes qui font
   Le cri des chats.
Des sifflets viennent et vont
    Comme en pourchas.
Ah, dans ces tristes décors
Les Déjàs sont les Encors!

Ô les vagues Angélus!
   (Qui viennent d'où?)
Vois s'allumer les Saluts
    Du fond d'un trou.
Ah, dans ces mornes séjours

Les Jamais sont les Toujours!

Quels rêves épouvantés,
　　　Vous grands murs blancs!
Que de sanglots répétés,
　　　Fous ou dolents!
Ah, dans ces piteux retraits
Les Toujours sont les Jamais!

Tu meurs doucereusement,
　　　Obscurément,
Sans qu'on veille, ô cœur aimant.
　　　Sans testament!
Ah, dans ces deuils sans rachats
Les Encors sont les Déjàs!

Images d'un sou

À Léon Dierx.

De toutes les douleurs douces
Je compose mes magies!
Paul, les paupières rougies,
Erre seul aux Pamplemousses.
La Folle-par-amour chante
Une ariette touchante.
C'est la mère qui s'alarme
De sa fille fiancée.
C'est l'épouse délaissée
Qui prend un sévère charme
À s'exagérer l'attente
Et demeure palpitante.
C'est l'amitié qu'on néglige
Et qui se croit méconnue.
C'est toute angoisse ingénue,
C'est tout bonheur qui s'afflige:
L'enfant qui s'éveille et pleure,
Le prisonnier qui voit l'heure,
Les sanglots des tourterelles,
La plainte des jeunes filles.
C'est l'appel des Inésilles

—Que gardent dans des tourelles
De bons vieux oncles avares —
À tous sonneurs de guitares.
Voici Damon qui soupire
Sa tendresse à Geneviève
De Brabant qui fait ce rêve
D'exercer un chaste empire
Dont elle-même se pâme
Sur la veuve de Pyrame
Tout exprès ressuscitée,
Et la forêt des Ardennes
Sent circuler dans ses veines
La flamme persécutée
De ces princesses errantes
Sous les branches murmurantes,
Et madame Malbrouck monte
À sa tour pour mieux entendre
La viole et la voix tendre
De ce cher trompeur de Comte
Ory qui revient d'Espagne
Sans qu'un doublon l'accompagne.
Mais il s'est couvert de gloire
Aux gorges des Pyrénées
Et combien d'infortunées
Au teint de lys et d'ivoire
Ne fit-il pas à tous risques
Là-bas, parmi les Morisques!...
Toute histoire qui se mouille
De délicieuses larmes,
Fût-ce à travers des chocs d'armes,
Aussitôt chez moi s'embrouille,
Se mêle à d'autres encore,
Finalement s'évapore
En capricieuses nues,
Laissant à travers des filtres
Subtils talismans et philtres
Au fin fond de mes cornues
Au feu de l'amour rougies.
Accourez à mes magies!
C'est très beau. Venez d'aucunes
Et d'aucuns. Entrez, bagasse!
Cadet-Roussel est paillasse

Et vous dira vos fortunes.
C'est Crédit qui tient la caisse.
Allons vite qu'on se presse!

Vieux Coppées

Pour charmer tes ennuis, ô temps qui nous dévastes,
Je veux, durant cent vers coupés en dizains chastes
Comme les ronds égaux d'un même saucisson,
Servir aux amateurs un plat de ma façon.
Tout désir un peu sot, toute idée un peu bête
Et tout ressouvenir stupide mais honnête
Composeront le fier menu qu'on va licher.
Muse, accours, donne-moi ton ut le plus léger,
Et chantons notre gamme en notes bien égales,
À l'instar de Monsieur Coppée et des cigales.

Les passages Choiseul aux odeurs de jadis
Où sont-ils? En hiver de ce Soixante-Dix
On s'amusait. J'étais républicain, Leconte
De Lisle aussi, ce cher Lemerre étant archonte
De droit, et l'on faisait chacun son acte en vers.
Jours enfuis! Quels Autans soufflèrent à travers
La montagne! Le Maître est décoré comme une
Châsse, et n'a pas encor digéré la commune.
Tous sont toqués, et moi qui chantais aux temps chauds,
Je danse sur la paille humide des cachots.

Vers Saint-Denis c'est bête et sale la campagne.
C'est pourtant là qu'un jour j'emmenai ma compagne.
Nous étions de mauvaise humeur et querellions.
Un plat soleil d'été tartinait ses rayons
Sur la plaine séchée ainsi qu'une rôtie.
C'était pas trop après le Siège: une partie
Des «maisons de campagne» était à terre encor,
D'autres se relevaient comme on hisse un décor,
Et des obus tout neufs encastrés aux pilastres
Portaient écrit autour: Souvenir des désastres.

«Assez des Gambettards! Ôtez-moi cet objet,
Dit le père Duchêne, un jour qu'il enrageait.
Tout plutôt qu'eux! Ce sont les bougres de naissance.
Bourgeois vessards! Ça dut tenir des lieux d'aisance
Dans ces mondes antérieurs dont je me fous!
J'en-foutres, qui, tandis qu'on La confessait sous
Les balles, cherchaient des alibis dans la foire!
Ah ! tous ! Badingue Quatre, Orléans et sa poire
(Pour la soif), la béquille à Chambord, Attila!
Mais, mais, mais! pas de ces La-Réveillères-là.»

Las! je suis à l'Index et dans les dédicaces
Me voici Paul V... pur et simple. Les audaces
De mes amis, tant les éditeurs sont des saints,
Doivent éliminer mon nom de leurs desseins,
Extraordinaire et saponaire tonnerre
D'une excommunication que je vénère
Au point d'en faire des fautes de quantité!
Vrai, si je n'étais pas (forcément) désisté
Des choses, j'aimerais, surtout m'étant contraire,
Cette pudeur du moins si rare de libraire.

Je suis né romantique et j'eusse été fatal
En un frac très étroit aux boutons de métal,
Avec ma barbe en pointe et mes cheveux en brosse.
Hablant español, très loyal et très féroce,
L'œil idoine à l'œillade et chargé de défis.
Beautés mises à mal et bourgeois déconfits
Eussent bondé ma vie et soûlé mon cœur d'homme.
Pâle et jaune, d'ailleurs, et taciturne comme
Un infant scrofuleux dans un Escurial...
Et puis j'eusse été si féroce et si loyal!

L'aile où je suis donnant juste sur une gare,
J'entends de nuit (mes nuits sont blanches) la bagarre
Des machines qu'on chauffe et des trains ajustés,
Et vraiment c'est des bruits de nids répercutés
À des cieux de fonte et de verre et gras de houille.

Vous n'imaginez pas comme cela gazouille
Et comme l'on dirait des efforts d'oiselets
Vers des vols tout prochains à des cieux violets
Encore et que le point du jour éclaire à peine.
Ô ces wagons qui vont dévaler dans la plaine!

Ô Belgique qui m'as valu ce dur loisir,
Merci! J'ai pu du moins réfléchir et saisir
Dans le silence doux et blanc de tes cellules
Les raisons qui fuyaient comme des libellules
À travers les roseaux bavards d'un monde vain,
Les raisons de mon être éternel et divin,
Et les étiqueter comme en un beau musée
Dans les cases en fin cristal de ma pensée.
Mais, ô Belgique, assez de ce huis-clos têtu!
Ouvre enfin, car c'est bon pour une fois, sais-tu!

Depuis un an et plus je n'ai pas vu la queue
D'un journal. Est-ce assez Bibliothèque bleue?
Parfois je me dis à part moi: «L'eusses-tu cru?...»
Eh bien, l'on n'en meurt pas. D'abord c'est un peu cru,
Un peu bien blanc, et l'œil habitueux s'en fâche.
Mais l'esprit! comme il rit et triomphe, le lâche!
Et puis, c'est un plaisir patriotique et sain
De ne plus rien savoir de ce siècle assassin
Et de ne suivre plus dans sa dernière transe
Cette agonie épouvantable de la France.

Endiguons les ruisseaux: les prés burent assez.
Bonsoir lecteur, et vous lectrice qui pensez
D'ailleurs bien plus à Worth qu'aux sons de ma guimbarde
Agréez le salut respectueux du barde
Indigne de vos yeux abaissés un instant
Sur ces cent vers que scande un rhythme équilistant;
Et vous, protes, n'allez pas rendre encore pire
Qu'il ne l'est, ce pastiche infâme d'une lyre
Dûment appréciée entre tous gens de goût
Par des coquilles trop navrantes. —Et c'est tout!—

L'Art poétique

De la musique avant toute chose,
Et pour cela préfère l'Impair
Plus vague et plus soluble dans l'air,
Sans rien en lui qui pèse ou qui pose.

Il faut aussi que tu n'ailles point
Choisir tes mots sans quelque méprise:
Rien de plus cher que la chanson grise
Où l'Indécis au Précis se joint.

C'est des beaux yeux derrière des voiles,
C'est le grand jour tremblant de midi,
C'est, par un ciel d'automne attiédi,
Le bleu fouillis des claires étoiles!

Car nous voulons la Nuance encor,
Pas la Couleur, rien que la nuance!
Oh ! la nuance seule fiance
Le rêve au rêve et la flûte au cor!

Fuis du plus loin la Pointe assassine,
L'Esprit cruel et le Rire impur,
Qui font pleurer les yeux de l'Azur,
Et tout cet ail de basse cuisine!

Prends l'éloquence et tords-lui son cou!
Tu feras bien, en train d'énergie,
De rendre un peu la Rime assagie.
Si l'on n'y veille, elle ira jusqu'où?

Ô qui dira les torts de la Rime!
Quel enfant sourd ou quel nègre fou
Nous a forgé ce bijou d'un sou
Qui sonne creux et faux sous la lime?

De la musique encore et toujours!
Que ton vers soit la chose envolée
Qu'on sent qui fuit d'une âme en allée
Vers d'autres cieux à d'autres amours.

Que ton vers soit la bonne aventure
Éparse au vent crispé du matin
Qui va fleurant la menthe et le thym...
Et tout le reste est littérature.

Via dolorosa

Du fond du grabat
As-tu vu l'étoile
Que l'hiver dévoile?
Comme ton cœur bat,
Comme cette idée,
Regret ou désir,
Ravage à plaisir
Ta tête obsédée,
Pauvre tête en feu,
Pauvre cœur sans dieu!

L'ortie et l'herbette
Au bas du rempart
D'où l'appel frais part
D'une aigre trompette,
Le vent du coteau,
La Meuse, la goutte
Qu'on boit sur la route
À chaque écriteau,
Les sèves qu'on hume,
Les pipes qu'on fume!

Un rêve de froid:
«Que c'est beau la neige
Et tout son cortège
Dans leur cadre étroit!
Oh! tes blancs arcanes,
Nouvelle Archangel,
Mirage éternel
De mes caravanes!
Oh! ton chaste ciel,
Nouvelle Archangel!»

Cette ville sombre!

Tout est crainte ici...
Le ciel est transi
D'éclairer tant d'ombre.
Les pas que tu fais
Parmi ces bruyères
Lèvent des poussières
Au souffle mauvais...
Voyageur si triste,
Tu suis quelle piste?

C'est l'ivresse à mort,
C'est la noire orgie,
C'est l'amer effort
De ton énergie
Vers l'oubli dolent
De la voix intime,
C'est le seuil du crime,
C'est l'essor sanglant.
—Oh! fuis la chimère:
Ta mère, ta mère!

Quelle est cette voix
Qui ment et qui flatte?
«Ô ta tête plate,
Vipère des bois!»
Pardon et mystère.
Laisse ça dormir.
Qui peut, sans frémir,
Juger sur la terre?
«Ah, pourtant, pourtant,
Ce monstre impudent!»

La mer! Puisse-t-elle
Laver ta rancœur,
La mer au grand cœur,
Ton aïeule, celle
Qui chante en berçant
Ton angoisse atroce,
La mer, doux colosse
Au sein innocent,
Grondeuse infinie
De ton ironie!

Tu vis sans savoir!
Tu verses ton âme,
Ton lait et ta flamme
Dans quel désespoir?
Ton sang qui s'amasse
En une fleur d'or
N'est pas prêt encor
À la dédicace.
Attends quelque peu,
Ceci n'est que jeu.

Cette frénésie
T'initie au but.
D'ailleurs, le salut
Viendra d'un Messie
Dont tu ne sens plus
Depuis bien des lieues
Les effluves bleues
Sous tes bras perclus,
Naufragé d'un rêve
Qui n'a pas de grève!

Vis en attendant
L'heure toute proche.
Ne sois pas prudent.
Trêve à tout reproche.
Fais ce que tu veux.
Une main te guide
À travers le vide
Affreux de tes vœux.
Un peu de courage,
C'est le bon orage.

Voici le Malheur
Dans sa plénitude.
Mais à sa main rude
Quelle belle fleur!
«La brûlante épine!»
Un lis est moins blanc.
«Elle m'entre au flanc.»
Et l'odeur divine!
«Elle m'entre au cœur.»

Le parfum vainqueur!

«Pourtant je regrette,
Pourtant je me meurs,
Pourtant ces deux cœurs...»
Lève un peu la tête:
«Eh bien, c'est la Croix.»
Lève un peu ton âme
De ce monde infâme.
«Est-ce que je crois?»
Qu'en sais-tu? La Bête
Ignore sa tête,

La Chair et le Sang
Méconnaissent l'Acte.
«Mais j'ai fait un pacte
Qui va m'enlaçant
À la faute noire,
Je me dois à mon
Tenace démon:
Je ne veux point croire.
Je n'ai pas besoin
De rêver si loin!

«Aussi bien j'écoute
Des sons d'autrefois.
Vipère des bois,
Encor sur ma route?
Cette fois tu mords.»
Laisse cette bête.
Que fait au poète?
Que sont des cœurs morts?
Ah! plutôt oublie
Ta propre folie.

Ah! plutôt, surtout,
Douceur, patience,
Mi-voix et nuance,
Et paix jusqu'au bout!
Aussi bon que sage,
Simple autant que bon,
Soumets ta raison

Au plus pauvre adage,
Naïf et discret,
Heureux en secret!

Ah! surtout, terrasse
Ton orgueil cruel,
Implore la grâce
D'être un pur Abel,
Finis l'odyssée
Dans le repentir
D'un humble martyr,
D'une humble pensée.
Regarde au-dessus...
«Est-ce vous, Jésus?»

Crimen Amoris

À Villiers de l'Isle-Adam.

Dans un palais, soie et or, dans Ecbatane,
De beaux démons, des satans adolescents,
Au son d'une musique mahométane
Font litière aux Sept Péchés de leurs cinq sens.

C'est la fête aux Sept Péchés : ô qu'elle est belle!
Tous les Désirs rayonnaient en feux brutaux;
Les Appétits, pages prompts que l'on harcèle,
Promenaient des vins roses dans des cristaux.

Des danses sur des rhythmes d'épithalames
Bien doucement se pâmaient en longs sanglots
Et de beaux chœurs de voix d'hommes et de femmes
Se déroulaient, palpitaient comme des flots,

Et la bonté qui s'en allait de ces choses
Était puissante et charmante tellement
Que la campagne autour se fleurit de roses
Et que la nuit paraissait en diamant.

Or le plus beau d'entre tous ces mauvais anges
Avait seize ans sous sa couronne de fleurs.

Les bras croisés sur les colliers et les franges,
Il rêve, l'œil plein de flammes et de pleurs.

En vain la fête autour se faisait plus folle,
En vain les Satans, ses frères et ses sœurs,
Pour l'arracher au souci qui le désole,
L'encourageaient d'appels de bras caresseurs:

Il résistait à toutes câlineries,
Et le chagrin mettait un papillon noir
À son cher front tout brûlant d'orfèvreries.
Ô l'immortel et terrible désespoir!

Il leur disait: «Ô vous, laissez-moi tranquille!»
Puis, les ayant baisés tous bien tendrement,
Il s'évada d'avec eux d'un geste agile,
Leur laissant aux mains des pans de vêtement.

Le voyez-vous sur la tour la plus céleste
Du haut palais avec une torche au poing?
Il la brandit comme un héros fait d'un ceste:
D'en bas on croit que c'est une aube qui point.

Qu'est-ce qu'il dit de sa voix profonde et tendre
Qui se marie au claquement clair du feu
Et que la lune est extatique d'entendre?
«Oh! je serai celui-là qui créera Dieu!

«Nous avons tous trop souffert, anges et hommes,
De ce conflit entre le Pire et le Mieux.
Humilions, misérables que nous sommes,
Tous nos élans dans le plus simple des vœux.

«Ô vous tous, ô nous tous, ô les pécheurs tristes,
Ô les gais Saints, pourquoi ce schisme têtu?
Que n'avons-nous fait, en habiles artistes,
De nos travaux la seule et même vertu!

«Assez et trop de ces luttes trop égales!
Il va falloir qu'enfin se rejoignent les
Sept Péchés aux Trois Vertus Théologales!
Assez et trop de ces combats durs et laids!

«Et pour réponse à Jésus qui crut bien faire
En maintenant l'équilibre de ce duel,
Par moi l'enfer dont c'est ici le repaire
Se sacrifie à l'Amour universel!»

La torche tombe de sa main éployée,
Et l'incendie alors hurla s'élevant,
Querelle énorme d'aigles rouges noyée
Au remous noir de la fumée et du vent.

L'or fond et coule à flots et le marbre éclate;
C'est un brasier tout splendeur et tout ardeur;
La soie en courts frissons comme de l'ouate
Vole à flocons tout ardeur et tout splendeur.

Et les Satans mourants chantaient dans les flammes,
Ayant compris, comme s'ils étaient résignés!
Et de beaux chœurs de voix d'hommes et de femmes
Montaient parmi l'ouragan des bruits ignés.

Et lui, les bras croisés d'une sorte fière,
Les yeux au ciel où le feu monte en léchant,
Il dit tout bas une espèce de prière
Qui va mourir dans l'allégresse du chant.

Il dit tout bas une espèce de prière,
Les yeux au ciel où le feu monte en léchant...
Quand retentit un affreux coup de tonnerre,
Et c'est la fin de l'allégresse et du chant.

On n'avait pas agréé le sacrifice:
Quelqu'un de fort et de juste assurément
Sans peine avait su démêler la malice
Et l'artifice en un orgueil qui se ment.

Et du palais aux cent tours aucun vestige,
Rien ne resta dans ce désastre inouï,
Afin que par le plus effrayant prodige
Ceci ne fût qu'un vain rêve évanoui...

Et c'est la nuit, la nuit bleue aux mille étoiles;
Une campagne évangélique s'étend

Sévère et douce, et, vagues comme des voiles,
Les branches d'arbre ont l'air d'ailes s'agitant.

De froids ruisseaux courent sur un lit de pierre;
Les doux hiboux nagent vaguement dans l'air
Tout embaumé de mystère et de prière;
Parfois un flot qui saute lance un éclair.

La forme molle au loin monte des collines
Comme un amour encore mal défini,
Et le brouillard qui s'essore des ravines
Semble un effort vers quelque but réuni.

Et tout cela comme un cœur et comme une âme,
Et comme un verbe, et d'un amour virginal
Adore, s'ouvre en une extase et réclame
Le Dieu clément qui nous gardera du mal.

La Grâce

À Armand Silvestre.

Un cachot. Une femme à genoux, en prière.
Une tête de mort est gisante par terre,
Et parle, d'un ton aigre et douloureux aussi.
D'une lampe au plafond tombe un rayon transi.

«Dame Reine... —Encor toi, Satan! —Madame Reine...»
—«Ô Seigneur, faites mon oreille assez sereine
Pour ouïr sans l'écouter ce que dit le Malin!»
—«Ah! ce fut un vaillant et galant châtelain
Que votre époux! Toujours en guerre ou bien en fête
(Hélas! j'en puis parler puisque je suis sa tête),
Il vous aima, mais moins encore qu'il n'eût dû.
Que de vertu gâtée et que de temps perdu
En vains tournois, en cours d'amour loin de sa dame
Qui belle et jeune prit un amant, la pauvre âme!»
—«Ô Seigneur, écartez ce calice de moi!»
—«Comme ils s'aimèrent! Ils s'étaient juré leur foi
De s'épouser sitôt que serait mort le maître,
Et le tuèrent dans son sommeil d'un coup traître.»

—«Seigneur, vous le savez, dès le crime accompli,
J'eus horreur, et prenant ce jeune homme en oubli,
Vins au roi, dévoilant l'attentat effroyable,
Et pour mieux déjouer la malice du diable,
J'obtins qu'on m'apportât en ma juste prison
La tête de l'époux occis en trahison:
Par ainsi le remords, devant ce triste reste,
Me met toujours aux yeux mon action funeste,
Et la ferveur de mon repentir s'en accroît,
Ô Jésus! Mais voici: le Malin qui se voit
Dupe et qui voudrait bien ressaisir sa conquête
S'en vient-il pas loger dans cette pauvre tête
Et me tenir de faux propos insidieux?
Ô Seigneur, tendez-moi vos secours précieux!»
—«Ce n'est pas le démon, ma Reine, c'est moi-même,
Votre époux, qui vous parle en ce moment suprême,
Votre époux qui, damné (car j'étais en mourant
En état de péché mortel), vers vous se rend,
Ô Reine, et qui, pauvre âme errante, prend la tête
Qui fut la sienne aux jours vivants pour interprète
Effroyable de son amour épouvanté.»
—«Ô blasphème hideux, mensonge détesté!
Monsieur Jésus, mon maître adorable, exorcise
Ce chef horrible et le vide de la hantise
Diabolique qui n'en fait qu'un instrument
Où souffle Belzébuth fallacieusement
Comme dans une flûte on joue un air perfide!»
—«Ô douleur, une erreur lamentable te guide,
Reine, je ne suis pas Satan, je suis Henry!»
—«Oyez, Seigneur, il prend la voix de mon mari!
À mon secours, les Saints, à l'aide, Notre Dame!»
—«Je suis Henry, du moins, Reine, je suis son âme
Qui, par sa volonté, plus forte que l'enfer,
Ayant su transgresser toute porte de fer
Et de flamme, et braver leur impure cohorte,
Hélas! vient pour te dire avec cette voix morte
Qu'il est d'autres amours encor que ceux d'ici,
Tout immatériels et sans autre souci
Qu'eux-mêmes, des amours d'âmes et de pensées.
Ah! que leur fait le Ciel ou l'Enfer! Enlacées,
Les âmes, elles n'ont qu'elles-mêmes pour but!
L'Enfer, pour elles, c'est que leur amour mourût,

Et leur amour de son essence est immortelle!
Hélas ! moi, je ne puis te suivre aux cieux, cruelle
Et seule peine en ma damnation. Mais toi,
Damne-toi! Nous serons heureux à deux. La loi
Des âmes, je te dis, c'est l'alme indifférence
Pour la félicité comme pour la souffrance
Si l'amour partagé leur fait d'intimes cieux.
Viens afin que l'Enfer jaloux voie, envieux,
Deux damnés ajouter, comme on double un délice,
Tous les feux de l'amour à tous ceux du supplice,
Et se sourire en un baiser perpétuel!»
—«Âme de mon époux, tu sais qu'il est réel
Le repentir qui fait qu'en ce moment j'espère
En la miséricorde ineffable du Père
Et du Fils et du Saint-Esprit! Depuis un mois
Que j'expie, attendant la mort que je te dois,
En ce cachot trop doux encor, nue et par terre,
Le crime monstrueux et l'infâme adultère,
N'ai-je pas, repassant ma vie en sanglotant,
Ô mon Henry, pleuré des siècles cet instant
Où j'ai pu méconnaître en toi celui qu'on aime?
Va, j'ai revu, superbe et doux, toujours le même,
Ton regard qui parlait délicieusement
Et j'entends, et c'est là mon plus dur châtiment,
Ta noble voix, et je me souviens des caresses!
Or si tu m'as absoute et si tu t'intéresses
À mon salut, du haut des cieux, ô cher souci,
Manifeste-toi, parle, et démens celui-ci
Qui blasphème et vomit d'affreuses hérésies!»
—«Je te dis que je suis damné! Tu t'extasies
En terreurs vaines, ô ma Reine. Je te dis
Qu'il te faut rebrousser chemin du Paradis,
Vain séjour du bonheur banal et solitaire
Pour l'amour avec moi! Les amours de la terre
Ont, tu le sais, de ces instants chastes et lents:
L'âme veille, les sens se taisent somnolents,
Le cœur qui se repose et le sang qui s'affaisse
Font dans tout l'être comme une douce faiblesse.
Plus de désirs fiévreux, plus d'élans énervants,
On est des frères et des sœurs et des enfants,
On pleure d'une intime et profonde allégresse,
On est les cieux, on est la terre, enfin on cesse

De vivre et de sentir pour s'aimer au delà,
Et c'est l'éternité que je t'offre, prends-la!
Au milieu des tourments nous serons dans la joie,
Et le Diable aura beau meurtrir sa double proie,
Nous rirons, et plaindrons ce Satan sans amour.
Non, les Anges n'auront dans leur morne séjour
Rien de pareil à ces délices inouïes!» —

La Comtesse est debout, paumes épanouies.
Elle fait le grand cri des amours surhumains,
Puis se penche et saisit avec ses pâles mains
La tête qui, merveille! a l'aspect de sourire.
Un fantôme de vie et de chair semble luire
Sur le hideux objet qui rayonne à présent
Dans un nimbe languissamment phosphorescent.
Un halo clair, semblable à des cheveux d'aurore,
Tremble au sommet et semble au vent flotter encore
Parmi le chant des cors à travers la forêt.
Les noirs orbites ont des éclairs, on dirait
De grands regards de flamme et noirs. Le trou farouche
Au rire affreux, qui fut, Comte Henry, votre bouche
Se transfigure rouge aux deux arcs palpitants
De lèvres qu'auréole un duvet de vingt ans,
Et qui pour un baiser se tendent savoureuses...
Et la Comtesse à la façon des amoureuses
Tient la tête terrible amplement, une main
Derrière et l'autre sur le front, pâle, en chemin
D'aller vers le baiser spectral, l'âme tendue,
Hoquetant, dilatant sa prunelle perdue
Au fond de ce regard vague qu'elle a devant...
Soudain elle recule, et d'un geste rêvant
(Ô femmes, vous avez ces allures de faire!)
Elle laisse tomber la tête qui profère
Une plainte, et, roulant, sonne creux et longtemps:
—«Mon Dieu, mon Dieu, pitié! Mes péchés pénitents
Lèvent leurs pauvres bras vers ta bénévolence,
Ô ne les souffre pas criant en vain! Ô lance
L'éclair de ton pardon qui tuera ce corps vil!
Vois que mon âme est faible en ce dolent exil
Et ne la laisse pas au Mauvais qui la guette!
Ô que je meure!»
                        Avec le bruit d'un corps qu'on jette,

La Comtesse à l'instant tombe morte, et voici:
Son âme en blanc linceul, par l'espace éclairci
D'une douce clarté d'or blond qui flue et vibre
Monte au plafond ouvert désormais à l'air libre
Et d'une ascension lente va vers les cieux.

. . . .

La tête est là, dardant en l'air ses sombres yeux
Et sautèle dans des attitudes étranges:
Telles dans les Assomptions des têtes d'anges,
Et la bouche vomit un gémissement long,
Et des orbites vont coulant des pleurs de plomb.

Don Juan pipé

À François Coppée.

Don Juan qui fut grand Seigneur en ce monde
Est aux enfers ainsi qu'un pauvre immonde
Pauvre, sans la barbe faite, et pouilleux,
Et si n'étaient la lueur de ses yeux
Et la beauté de sa maigre figure,
En le voyant ainsi quiconque jure
Qu'il est un gueux et non ce héros fier
Aux dames comme aux poëtes si cher
Et dont l'auteur de ces humbles chroniques
Vous va parler sur des faits authentiques.

Il a son front dans ses mains et paraît
Penser beaucoup à quelque grand secret.
Il marche à pas douloureux sur la neige,
Car c'est son châtiment que rien n'allège
D'habiter seul et vêtu de léger
Loin de tout lieu où fleurit l'oranger
Et de mener ses tristes promenades
Sous un ciel veuf de toutes sérénades
Et qu'une lune morte éclaire assez
Pour expier tous ses soleils passés.

Il songe. Dieu peut gagner, car le Diable
S'est vu réduire à l'état pitoyable
De tourmenteur et de geôlier gagé

Pour être las trop tôt, et trop âgé.
Du Révolté de jadis il ne reste
Plus qu'un bourreau qu'on paie et qu'on moleste
Si bien qu'enfin la cause de l'Enfer
S'en va tombant comme un fleuve à la mer,
Au sein de l'alliance primitive.
Il ne faut pas que cette honte arrive.

Mais lui, don Juan, n'est pas mort et se sent
Le cœur vif comme un cœur d'adolescent
Et dans sa tête une jeune pensée
Couve et nourrit une force amassée;
S'il est damné, c'est qu'il le voulut bien,
Il avait tout pour être un bon chrétien,
La foi, l'ardeur au ciel, et le baptême,
Et ce désir de volupté lui-même,
Mais s'étant découvert meilleur que Dieu,
Il résolut de se mettre en son lieu.

À cet effet, pour asservir les âmes
Il rendit siens d'abord les cœurs des femmes.
Toutes pour lui laissèrent là Jésus,
Et son orgueil jaloux monta dessus
Comme un vainqueur foule un champ de bataille.
Seule la mort pouvait être à sa taille
Il l'insulta, la défit. C'est alors
Qu'il vint à Dieu sans peur et sans remords
Il vint à Dieu, lui parla face à face
Sans qu'un instant hésitât son audace.

Le défiant, Lui, son Fils et ses saints!
L'affreux combat ! Très calme et les reins ceints
D'impiété cynique et de blasphème,
Ayant volé son verbe à Jésus même,
Il voyagea, funeste pèlerin,
Prêchant en chaire et chantant au lutrin,
Et le torrent amer de sa doctrine,
Parallèle à la parole divine,
Troublait la paix des simples et noyait
Toute croyance, et, grossi, s'enfuyait.

Il enseignait: «Juste, prends patience.

Ton heure est proche. Et mets ta confiance
En ton bon cœur. Sois vigilant pourtant,
Et ton salut en sera sûr d'autant.
Femmes, aimez vos maris et les vôtres
Sans cependant abandonner les autres...
L'amour est un dans tous et tous dans un,
Afin qu'alors que tombe le soir brun
L'ange des nuits n'abrite sous ses ailes
Que cœurs mi-clos dans la paix fraternelle.»

Au mendiant errant dans la forêt
Il ne donnait un sol que s'il jurait.
Il ajoutait: «De ce que l'on invoque
Le nom de Dieu celui-ci ne s'en choque,
Bien au contraire, et tout est pour le mieux.
Tiens, prends, et bois à ma santé, bon vieux.»
Puis il disait: «Celui-là prévarique
Qui de sa chair faisant une bourrique
La subordonne au soin de son salut
Et lui désigne un trop servile but.

La chair est sainte! Il faut qu'on la vénère.
C'est notre fille, enfants, et notre mère,
Et c'est la fleur du jardin d'ici-bas!
Malheur à ceux qui ne l'adorent pas!
Car, non contents de renier leur être,
Ils s'en vont reniant le divin maître,
Jésus fait chair qui mourut sur la croix,
Jésus fait chair qui de sa douce voix
Ouvrait le cœur de la Samaritaine,
Jésus fait chair qu'aima la Madeleine!»

À ce blasphème effroyable, voilà
Que le ciel de ténèbres se voila,
Et que la mer entre-choqua les îles.
On vit errer des formes dans les villes,
Les mains des morts sortirent des cercueils,
Ce ne fut plus que terreurs et que deuils,
Et Dieu voulant venger l'injure affreuse
Prit sa foudre en sa droite furieuse
Et maudissant don Juan, lui jeta bas
Son corps mortel, mais son âme, non pas!

Non pas son âme, on l'allait voir! Et pâle
De male joie et d'audace infernale,
Le grand damné, royal sous ses haillons,
Promène autour son œil plein de rayons,
Et crie: «À moi l'Enfer! ô vous qui fûtes
Par moi guidés en vos sublimes chutes,
Disciples de don Juan, reconnaissez
Ici la voix qui vous a redressés.
Satan est mort, Dieu mourra dans la fête,
Aux armes pour la suprême conquête!

«Apprêtez-vous, vieillards et nouveau-nés,
C'est le grand jour pour le tour des damnés.»
Il dit. L'écho frémit et va répandre
L'appel altier, et don Juan croit entendre
Un grand frémissement de tous côtés.
Ses ordres sont à coup sûr écoutés:
Le bruit s'accroît des clameurs de victoire,
Disant son nom et racontant sa gloire.
«À nous deux, Dieu stupide, maintenant!»
Et don Juan a foulé d'un pied tonnant

Le sol qui tremble et la neige glacée
Qui semble fondre au feu de sa pensée...
Mais le voilà qui devient glace aussi
Et dans son cœur horriblement transi
Le sang s'arrête, et son geste se fige.
Il est statue, il est glace. Ô prodige
Vengeur du Commandeur assassiné!
Tout bruit s'éteint et l'Enfer réfréné
Rentre à jamais dans ses mornes cellules.
«Ô les rodomontades ridicules»,

Dit du dehors Quelqu'un qui ricanait,
«Contes prévus! farces que l'on connaît!
Morgue espagnole et fougue italienne!
Don Juan, faut-il afin qu'il t'en souvienne,
Que ce vieux Diable, encor que radoteur,
Ainsi te prenne en délit de candeur?
Il est écrit de ne tenter... personne.
L'Enfer ni ne se prend ni ne se donne.

Mais avant tout, ami, retiens ce point:
On est le Diable, on ne le devient point.»

L'Impénitence finale

À Catulle Mendès.

La petite marquise Osine est toute belle,
Elle pourrait aller grossir la ribambelle
Des folles de Watteau sous leur chapeau de fleurs
Et de soleil, mais comme on dit, elle aime ailleurs.
Parisienne en tout, spirituelle et bonne
Et mauvaise à ne rien redouter de personne,
Avec cet air mi-faux qui fait que l'on vous croit,
C'est un ange fait pour le monde qu'elle voit,
Un ange blond, et même on dit qu'il a des ailes.

Vingt soupirants, brûlés du feu des meilleurs zèles
Avaient en vain quêté leur main à ses seize ans,
Quand le pauvre marquis, quittant ses paysans
Comme il avait quitté son escadron, vint faire
Escale au Jockey; vous connaissez son affaire
Avec la grosse Emma de qui —l'eussions-nous cru?
Le bon garçon était absolument féru,
Son désespoir après le départ de la grue,
Le duel avec Gontran, c'est vieux comme la rue;
Bref il vit la petite un jour dans un salon,
S'en éprit tout d'un coup comme un fou; même l'on
Dit qu'il en oublia si bien son infidèle
Qu'on le voyait le jour d'ensuite avec Adèle.
Temps et mœurs! La petite (on sait tout aux Oiseaux)
Connaissait le roman du cher, et jusques aux
Moindres chapitres: elle en conçut de l'estime.
Aussi quand le marquis offrit sa légitime
Et sa main contre sa menotte, elle dit: Oui,
Avec un franc parler d'allégresse inouï.
Les parents, voyant sans horreur ce mariage
(Le marquis était riche et pouvait passer sage),
Signèrent au contrat avec laisser-aller.
Elle qui voyait là quelqu'un à consoler
Ouït la messe dans une ferveur profonde.

Elle le consola deux ans. Deux ans du monde!

Mais tout passe!
         Si bien qu'un jour qu'elle attendait
Un autre et que cet autre atrocement tardait,
De dépit la voilà soudain qui s'agenouille
Devant l'image d'une Vierge à la quenouille
Qui se trouvait là, dans cette chambre en garni,
Demandant à Marie, en un trouble infini,
Pardon de son péché si grand, si cher encore,
Bien qu'elle croie au fond du cœur qu'elle l'abhorre.

Comme elle relevait son front d'entre ses mains,
Elle vit Jésus-Christ avec les traits humains
Et les habits qu'il a dans les tableaux d'église.
Sévère, il regardait tristement la marquise.
La vision flottait blanche dans un jour bleu
Dont les ondes, voilant l'apparence du lieu,
Semblaient envelopper d'une atmosphère élue
Osine qui tremblait d'extase irrésolue
Et qui balbutiait des exclamations.
Des accords assoupis de harpes de Sions
Célestes descendaient et montaient par la chambre,
Et des parfums d'encens, de cinnamome et d'ambre
Fluaient, et le parquet retentissait des pas
Mystérieux de pieds que l'on ne voyait pas,
Tandis qu'autour c'était, en cadences soyeuses,
Un grand frémissement d'ailes mystérieuses
La marquise restait à genoux, attendant,
Toute admiration peureuse, cependant.

Et le Sauveur parla:

         «Ma fille, le temps passe,
Et ce n'est pas toujours le moment de la grâce.
Profitez de cette heure, ou c'en est fait de vous.»

La vision cessa.

         Oui certes, il est doux
Le roman d'un premier amant. L'âme s'essaie,

C'est un jeune coureur à la première haie.
C'est si mignard qu'on croit à peine que c'est mal.
Quelque chose d'étonnamment matutinal.
On sort du mariage habitueux. C'est comme
Qui dirait la lueur aurorale de l'homme
Et les baisers parmi cette fraîche clarté
Sonnent comme des cris d'alouette en été,
Ô le premier amant! Souvenez-vous, mesdames!
Vagissant et timide élancement des âmes
Vers le fruit défendu qu'un soupir révéla...
Mais le second amant d'une femme, voilà!
On a tout su. La faute est bien délibérée
Et c'est bien un nouvel état que l'on se crée,
Un autre mariage à soi-même avoué.
Plus de retour possible au foyer bafoué.
Le mari, débonnaire ou non, fait bonne garde
Et dissimule mal. Déjà rit et bavarde
Le monde hostile et qui sévirait au besoin.
Ah! que l'aise de l'autre intrigue se fait loin!
Mais aussi cette fois comme on vit, comme on aime!
Tout le cœur est éclos en une fleur suprême.
Ah! c'est bon! Et l'on jette à ce feu tout remords,
On ne vit que pour lui, tous autres soins sont morts.
On est à lui, on n'est qu'à lui, c'est pour la vie,
Ce sera pour après la vie, et l'on défie
Les lois humaines et divines, car on est
Folle de corps et d'âme, et l'on ne reconnaît
Plus rien, et l'on ne sait plus rien, sinon qu'on l'aime!

Or cet amant était justement le deuxième
De la marquise, ce qui fait qu'un jour après,
—Ô sans malice et presque avec quelques regrets —
Elle le revoyait pour le revoir encore.
Quant au miracle, comme une odeur s'évapore,
Elle n'y pensa plus bientôt que vaguement.

Un matin, elle était dans son jardin charmant,
Un matin de printemps, un jardin de plaisance.
Les fleurs vraiment semblaient saluer sa présence,
Et frémissaient au vent léger, et s'inclinaient
Et les feuillages, verts tendrement, lui donnaient
L'aubade d'un timide et délicat ramage

Et les petits oiseaux, volant à son passage,
Pépiaient à plaisir dans l'air tout embaumé
Des feuilles, des bourgeons et des gommes de mai.
Elle pensait à lui; sa vue errait, distraite,
À travers l'ombre jeune et la pompe discrète
D'un grand rosier bercé d'un mouvement câlin,
Quand elle vit Jésus en vêtement de lin
Qui marchait, écartant les branches de l'arbuste
Et la couvait d'un long regard triste. Et le Juste
Pleurait. Et tout en un instant s'évanouit.
Elle se recueillait...
                    Soudain un petit bruit
Se fit. On lui portait en secret une lettre,
Une lettre de lui, qui lui marquait peut-être
Un rendez-vous.
                    Elle ne put la déchirer.

. . . .

Marquis, pauvre marquis, qu'avez-vous à pleurer
Au chevet de ce lit de blanche mousseline?
Elle est malade, bien malade.
                    «Sœur Aline,
A-t-elle un peu dormi?»
                    —«Mal, monsieur le marquis.»
Et le marquis pleurait.
                    «Elle est ainsi depuis
Deux heures, somnolente et calme. Mais que dire
De la nuit? Ah! monsieur le marquis, quel délire!
Elle vous appelait, vous demandait pardon
Sans cesse, encor, toujours, et tirait le cordon
De sa sonnette.»
                    Et le marquis frappait sa tête
De ses deux poings et, fou dans sa douleur muette,
Marchait à grands pas sourds sur les tapis épais.
(Dès qu'elle fut malade, elle n'eut pas de paix
Qu'elle n'eût avoué ses fautes au pauvre homme
Qui pardonna.) La sœur reprit pâle: «Elle eut comme
Un rêve, un rêve affreux. Elle voyait Jésus,
Terrible sur la nue et qui marchait dessus,
Un glaive dans la main droite et de la main gauche
Qui ramait lentement comme une faux qui fauche,

Écartant sa prière, et passait furieux.»

. . . .

Un prêtre, saluant les assistants des yeux,
Entre.
        Elle dort.
                Ô ses paupières violettes!
Ô ses petites mains qui tremblent maigrelettes!
Ô tout son corps perdu dans les draps étouffants!
Regardez, elle meurt de la mort des enfants.

Et le prêtre anxieux se penche à son oreille.
Elle s'agite un peu, la voilà qui s'éveille,
Elle voudrait parler, la voilà qui s'endort
Plus pâle.
        Et le marquis: «Est-ce déjà la mort?»
Et le docteur lui prend les deux mains, et sort vite.

On l'enterrait hier matin. Pauvre petite!

Amoureuse du Diable

À Stéphane Mallarmé.

Il parle italien avec un accent russe.
Il dit: «Chère, il serait précieux que je fusse
Riche, et seul, tout demain et tout après-demain.
Mais riche à paver d'or monnayé le chemin
De l'Enfer, et si seul qu'il vous va falloir prendre
Sur vous de m'oublier jusqu'à ne plus entendre
Parler de moi sans vous dire de bonne foi:
Qu'est-ce que ce monsieur Félice? Il vend de quoi?»

Cela s'adresse à la plus blanche des comtesses.

Hélas! toute grandeur, toutes délicatesses,
Cœur d'or, comme l'on dit, âme de diamant,
Riche, belle, un mari magnifique et charmant
Qui lui réalisait toute chose rêvée,
Adorée, adorable, une Heureuse, la Fée,

La Reine, aussi la Sainte, elle était tout cela,
Elle avait tout cela.
                        Cet homme vint, vola
Son cœur, son âme, en fit sa maîtresse et sa chose
Et ce que la voilà dans ce doux peignoir rose
Avec ses cheveux d'or épars comme du feu,
Assise, et ses grands yeux d'azur tristes un peu.

Ce fut une banale et terrible aventure
Elle quitta de nuit l'hôtel. Une voiture
Attendait. Lui dedans. Ils restèrent six mois
Sans que personne sût où ni comment. Parfois
On les disait partis à toujours. Le scandale
Fut affreux. Cette allure était par trop brutale
Aussi pour que le monde ainsi mis au défi
N'eût pas frémi d'une ire énorme et poursuivi
De ses langues les plus agiles l'insensée.
Elle, que lui faisait? Toute à cette pensée,
Lui, rien que lui, longtemps avant qu'elle s'enfuît,
Ayant réalisé son avoir (sept ou huit
Millions en billets de mille qu'on liasse
Ne pèsent pas beaucoup et tiennent peu de place),
Elle avait tassé tout dans un coffret mignon
Et le jour du départ, lorsque son compagnon
Dont du rhum bu de trop rendait la voix plus tendre
L'interrogea sur ce colis qu'il voyait pendre
À son bras qui se lasse, elle répondit: «Ça,
C'est notre bourse.»
                        Ô tout ce qui se dépensa!
Il n'avait rien que sa beauté problématique
(D'autant pire) et que cet esprit dont il se pique
Et dont nous parlerons, comme de sa beauté,
Quand il faudra... Mais quel bourreau d'argent! Prêté,
Gagné, volé! Car il volait à sa manière,
Excessive, partant respectable en dernière
Analyse, et d'ailleurs respectée, et c'était
Prodigieux la vie énorme qu'il menait
Quand au bout de six mois ils revinrent.
                        Le coffre
Aux millions (dont plus que quatre) est là qui s'offre
À sa main. Et pourtant cette fois —une fois
N'est pas coutume —il a gargarisé sa voix

Et remplacé son geste ordinaire de prendre
Sans demander, par ce que nous venons d'entendre.
Elle s'étonne avec douceur et dit: «Prends tout
Si tu veux.»
              Il prend tout et sort.

                         Un mauvais goût
Qui n'avait de pareil que sa désinvolture
Semblait pétrir le fond même de sa nature,
Et dans ses moindres mots, dans ses moindres clins d'yeux,
Faisait luire et vibrer comme un charme odieux.
Ses cheveux noirs étaient trop bouclés pour un homme
Ses yeux très grands, très verts, luisaient comme à Sodome.
Dans sa voix claire et lente, un serpent s'avançait,
Et sa tenue était de celles que l'on sait:
Du vernis, du velours, trop de linge, et des bagues.
D'antécédents, il en avait de vraiment vagues
Ou, pour mieux dire, pas. Il parut un beau soir,
L'autre hiver, à Paris, sans qu'aucun pût savoir
D'où venait ce petit monsieur, fort bien du reste
Dans son genre et dans son outrecuidance leste.
Il fit rage, eut des duels célèbres et causa
Des morts de femmes par amour dont on causa.
Comment il vint à bout de la chère comtesse,
Par quel philtre ce gnome insuffisant qui laisse
Une odeur de cheval et de femme après lui
A-t-il fait d'elle cette fille d'aujourd'hui?
Ah ! ça, c'est le secret perpétuel que berce
Le sang des dames dans son plus joli commerce,
À moins que ce ne soit celui du Diable aussi.
Toujours est-il que quand le tour eut réussi
Ce fut du propre!
                Absent souvent trois jours sur quatre,
Il rentrait ivre, assez lâche et vil pour la battre,
Et quand il voulait bien rester près d'elle un peu,
Il la martyrisait, en matière de jeu,
Par étalage de doctrines impossibles.

. . . .

«Mia, je ne suis pas d'entre les irascibles,
Je suis le doux par excellence, mais tenez,

Ça m'exaspère, et je le dis à votre nez,
Quand je vous vois l'œil blanc et la lèvre pincée,
Avec je ne sais quoi d'étroit dans la pensée
Parce que je reviens un peu soûl quelquefois.
Vraiment, en seriez-vous à croire que je bois
Pour boire, pour licher, comme vous autres chattes,
Avec vos vins sucrés dans vos verres à pattes
Et que l'Ivrogne est une forme du Gourmand?
Alors l'instinct qui vous dit ça ment plaisamment
Et d'y prêter l'oreille un instant, quel dommage!
Dites, dans un bon Dieu de bois est-ce l'image
Que vous voyez et vers qui vos vœux vont monter?
L'Eucharistie est-elle un pain à cacheter
Pur et simple, et l'amant d'une femme, si j'ose
Parler ainsi, consiste-t-il en cette chose
Unique d'un monsieur qui n'est pas son mari
Et se voit de ce chef tout spécial chéri?
Ah! si je bois, c'est pour me soûler, non pour boire.
Être soûl, vous ne savez pas quelle victoire
C'est qu'on remporte sur la vie, et quel don c'est!
On oublie, on revoit, on ignore et l'on sait;
C'est des mystères pleins d'aperçus, c'est du rêve
Qui n'a jamais eu de naissance et ne s'achève
Pas, et ne se meut pas dans l'essence d'ici;
C'est une espèce d'autre vie en raccourci,
Un espoir actuel, un regret qui «rapplique»,
Que sais-je encore? Et quant à la rumeur publique.
Au préjugé qui hue un homme dans ce cas,
C'est hideux, parce que bête, et je ne plains pas
Ceux ou celles qu'il bat à travers son extase,
Ô que nenni!

. . . .

            Voyons, l'amour, c'est une phrase
Sous un mot, — avouez, un écoute-s'il-pleut,
Un calembour dont un chacun prend ce qu'il veut,
Un peu de plaisir fin, beaucoup de grosse joie
Selon le plus ou moins de moyens qu'il emploie,
Ou, pour mieux dire, au gré de son tempérament,
Mais, entre nous, le temps qu'on y perd! Et comment!
Vrai, c'est honteux que des personnes sérieuses

Comme nous deux, avec ces vertus précieuses
Que nous avons, du cœur, de l'esprit, —de l'argent,
Dans un siècle que l'on peut dire intelligent
Aillent!...»

. . . .

       Ainsi de suite, et sa fade ironie
N'épargnait rien de rien dans sa blague infinie.
Elle écoutait le tout avec les yeux baissés
Des cœurs aimants à qui tous torts sont effacés,
Hélas!
     L'après-demain et le demain se passent.
Il rentre et dit: «Altro! que voulez-vous que fassent
Quatre pauvres petits millions contre un sort?
Ruinés, ruinés, je vous dis! C'est la mort
Dans l'âme que je vous le dis.»
               Elle frissonne
Un peu, mais sait que c'est arrivé.
           —«Ça, personne,
Même vous, diletta, ne me croit assez sot
Pour demeurer ici dedans le temps d'un saut
De puce.»
     Elle pâlit très fort et frémit presque,
Et dit: «Va, je sais tout.» —«Alors c'est trop grotesque
Et vous jouer là sans atouts avec le feu.»
—«Qui dit non?» —«Mais je suis spécial à ce jeu.»
—«Mais si je veux, exclame-t-elle, être damnée?»
—«C'est différent, arrange ainsi ta destinée,
Moi je sors.» —«Avec moi!» —«Je ne puis aujourd'hui.»
Il a disparu sans autre trace de lui
Qu'une odeur de soufre et qu'un aigre éclat de rire.
Elle tire un petit couteau.
        Le temps de luire
Et la lame est entrée à deux lignes du cœur.
Le temps de dire, en renfonçant l'acier vainqueur:
«À toi, je t'aime!» et la Justice la recense.

Elle ne savait pas que l'Enfer c'est l'absence.

Final

I

Mon Dieu m'a dit: Mon fils, il faut m'aimer. Tu vois
Mon flanc percé, mon cœur qui rayonne et qui saigne,
Et mes pieds offensés que Madeleine baigne
De larmes, et mes bras douloureux sous le poids

De tes péchés, et mes mains! Et tu vois la croix,
Tu vois les clous, le fiel, l'éponge, et tout t'enseigne
À n'aimer, en ce monde amer où la chair règne,
Que ma Chair et mon Sang, ma parole et ma voix.

Ne t'ai-je pas aimé jusqu'à la mort moi-même,
Ô mon frère en mon Père, ô mon fils en l'Esprit,
Et n'ai-je pas souffert, comme c'était écrit?

N'ai-je pas sangloté ton angoisse suprême
Et n'ai-je pas sué la sueur de tes nuits,
Lamentable ami qui me cherches où je suis?

II

J'ai répondu: Seigneur, vous avez dit mon âme.
C'est vrai que je vous cherche et ne vous trouve pas.
Mais vous aimer! Voyez comme je suis en bas,
Vous dont l'amour toujours monte comme la flamme.

Vous, la source de paix que toute soif réclame,
Hélas! voyez un peu tous mes tristes combats!
Oserai-je adorer la trace de vos pas,
Sur ces genoux saignants d'un rampement infâme?

Et pourtant je vous cherche en longs tâtonnements,
Je voudrais que votre ombre au moins vêtît ma honte,
Mais vous n'avez pas d'ombre, ô vous dont l'amour monte,

Ô vous, fontaine calme, amère aux seuls amants
De leur damnation, ô vous, toute lumière,
Sauf aux yeux dont un lourd baiser tient la paupière!

III

—Il faut m'aimer! Je suis l'universel Baiser,
Je suis cette paupière et je suis cette lèvre
Dont tu parles, ô cher malade, et cette fièvre
Qui t'agite, c'est moi toujours! Il faut oser

M'aimer! Oui, mon amour monte sans biaiser
Jusqu'où ne grimpe pas ton pauvre amour de chèvre,
Et t'emportera, comme un aigle vole un lièvre,
Vers des serpolets qu'un ciel cher vient arroser!

Ô ma nuit claire! ô tes yeux dans mon clair de lune!
Ô ce lit de lumière et d'eau parmi la brune!
Toute cette innocence et tout ce reposoir!

Aime-moi! Ces deux mots sont mes verbes suprêmes,
Car étant ton Dieu tout-puissant, je peux vouloir,
Mais je ne veux d'abord que pouvoir que tu m'aimes.

IV

—Seigneur, c'est trop! Vraiment je n'ose. Aimer qui? Vous?
Oh! non! Je tremble et n'ose. Oh! vous aimer je n'ose,
Je ne veux pas! Je suis indigne. Vous, la Rose
Immense des purs vents de l'Amour, ô Vous, tous

Les cœurs des saints, ô Vous qui fûtes le Jaloux
D'Israël, Vous, la chaste abeille qui se pose
Sur la seule fleur d'une innocence mi-close,
Quoi, moi, moi, pouvoir Vous aimer. Êtes-vous fous(*),

Père, Fils, Esprit? Moi, ce pécheur-ci, ce lâche,
Ce superbe, qui fait le mal comme sa tâche
Et n'a dans tous ses sens, odorat, toucher, goût,

Vue, ouïe, et dans tout son être —hélas! dans tout
Son espoir et dans tout son remords, que l'extase
D'une caresse où le seul vieil Adam s'embrase?

_____
(*) Saint Augustine.

V

—Il faut m'aimer. Je suis ces Fous que tu nommais,
Je suis l'Adam nouveau qui mange le vieil homme,
Ta Rome, ton Paris, ta Sparte et ta Sodome,
Comme un pauvre rué parmi d'horribles mets.

Mon amour est le feu qui dévore à jamais
Toute chair insensée, et l'évapore comme
Un parfum, —et c'est le déluge qui consomme
En son flot tout mauvais germe que je semais,

Afin qu'un jour la Croix où je meurs fût dressée
Et que par un miracle effrayant de bonté
Je t'eusse un jour à moi, frémissant et dompté.

Aime. Sors de ta nuit. Aime. C'est ma pensée
De toute éternité, pauvre âme délaissée,
Que tu dusses m'aimer, moi seul qui suis resté!

VI

—Seigneur, j'ai peur. Mon âme en moi tressaille toute.
Je vois, je sens qu'il faut vous aimer. Mais comment
Moi, ceci, me ferais-je, ô Vous, Dieu, votre amant,
Ô Justice que la vertu des bons redoute?

Oui, comment? Car voici que s'ébranle la voûte
Où mon cœur creusait son ensevelissement
Et que je sens fluer à moi le firmament,
Et je vous dis: de vous à moi quelle est la route?

Tendez-moi votre main, que je puisse lever
Cette chair accroupie et cet esprit malade.
Mais recevoir jamais la céleste accolade,

Est-ce possible? Un jour, pouvoir la retrouver
Dans votre sein, sur votre cœur qui fut le nôtre,
La place où reposa la tête de l'apôtre?

VII

—Certes, si tu le veux mériter, mon fils, oui,
Et voici. Laisse aller l'ignorance indécise
De ton cœur vers les bras ouverts de mon Église
Comme la guêpe vole au lis épanoui.

Approche-toi de mon oreille. Épanches-y
L'humiliation d'une brave franchise.
Dis-moi tout sans un mot d'orgueil ou de reprise
Et m'offre le bouquet d'un repentir choisi.

Puis franchement et simplement viens à ma Table
Et je t'y bénirai d'un repas délectable
Auquel l'ange n'aura lui-même qu'assisté,

Et tu boiras le Vin de la vigne immuable
Dont la force, dont la douceur, dont la bonté
Feront germer ton sang à l'immortalité.

*

* *

Puis, va ! Garde une foi modeste en ce mystère
D'amour par quoi je suis ta chair et ta raison,
Et surtout reviens très souvent dans ma maison,
Pour y participer au Vin qui désaltère,

Au Pain sans qui la vie est une trahison,
Pour y prier mon Père et supplier ma Mère
Qu'il te soit accordé, dans l'exil de la terre,
D'être l'agneau sans cris qui donne sa toison,

D'être l'enfant vêtu de lin et d'innocence,
D'oublier ton pauvre amour-propre et ton essence,
Enfin, de devenir un peu semblable à moi

Qui fus, durant les jours d'Hérode et de Pilate
Et de Judas et de Pierre, pareil à toi
Pour souffrir et mourir d'une mort scélérate !

*
* *

Et pour récompenser ton zèle en ces devoirs
Si doux qu'ils sont encor d'ineffables délices,
Je te ferai goûter sur terre mes prémices,
La paix du cœur, l'amour d'être pauvre, et mes soirs

Mystiques, quand l'esprit s'ouvre aux calmes espoirs
Et croit boire, suivant ma promesse, au Calice
Éternel, et qu'au ciel pieux la lune glisse,
Et que sonnent les angélus roses et noirs,

En attendant l'assomption dans ma lumière,
L'éveil sans fin dans ma charité coutumière,
La musique de mes louanges à jamais,

Et l'extase perpétuelle et la science,
Et d'être en moi parmi l'aimable irradiance
De tes souffrances, enfin miennes, que j'aimais!

*
* *

—Ah! Seigneur, qu'ai-je? Hélas! me voici tout en larmes
D'une joie extraordinaire: votre voix
Me fait comme du bien et du mal à la fois,
Et le mal et le bien, tout a les mêmes charmes.

Je ris, je pleure, et c'est comme un appel aux armes
D'un clairon pour des champs de bataille où je vois
Des anges bleus et blancs portés sur des pavois,
Et ce clairon m'enlève en de fières alarmes.

J'ai l'extase et j'ai la terreur d'être choisi.
Je suis indigne, mais je sais votre clémence.
Ah! quel effort, mais quelle ardeur! Et me voici

Plein d'une humble prière, encor qu'un trouble immense
Brouille l'espoir que votre voix me révéla,
Et j'aspire en tremblant...

IX

– Pauvre âme, c'est cela!

Other Books by the Publisher

Fanchette's Pretty Little Foot
by Restif de La Bretonne

Je M'Accuse...
by Léon Bloy

My Hospitals & My Prisons
by Paul Verlaine

Salvation Through the Jews
by Léon Bloy

Words of a Demolitions Contractor
by Léon Bloy

Ecclesiastical Laurels
by Jacques Rochette de la Morlière